대한민국 아이들이 가장 좋아하는 한국사 그리기 100

지은이 김민경
발행인 조상현
마케팅 조정빈
편집인 김유진
디자인 나디하 스튜디오
펴낸곳 더디퍼런스

초판 1쇄 인쇄 2018년 10월 15일
초판 1쇄 발행 2018년 10월 25일

등록번호 제2015-000237호
주소 경기도 고양시 덕양구 큰골길 33-170
문의 02-725-9988
팩스 02-6974-1237
이메일 thedibooks@naver.com
홈페이지 www.thedifference.co.kr

ISBN 979-11-61251-35-6 73370

독자 여러분의 소중한 원고를 기다리고 있으니 많은 투고 바랍니다.
이 책은 저작권법 및 특허법에 따라 보호받는 저작물이므로 무단전재와 무단복제를 금합니다.
파본이나 잘못 만들어진 책은 구입하신 서점에서 바꾸어 드립니다.
책값은 뒤표지에 있습니다.

"모든 사람은 예술가다"

요제프 보이스(Joseph Beuys)

이미 예술가인

_____ 에게

드립니다.

엄마, 우리나라 국기는 왜 이렇게 생겼어요?
우리나라 꽃은 왜 무궁화예요?

아이가 초등학교에 들어가면서부터 질문이 많아지기 시작했어요. 많아지는 것도 모자라 점점 복잡해지는 바람에 엄마인 저도 선뜻 대답하기 어려운 질문들이 많아지더라고요.
아이와 함께 도서관에 자주 가는데, 아이가 한국사에 관심을 가지면 어떨까 하는 생각에 책을 몇 권 빌렸어요. 함께 책을 읽으면서 저 또한 역사에 대해서 잘 모르고 있다는 것을 알게 되었고, 그럼 아이들은 얼마나 어려울까 슬쩍 걱정이 되었습니다.
그래서 한국사를 처음 접하는 아이들이 조금 더 쉽고 재미있게 다가갈 수 있는 방법이 무엇일까 고민해 보았습니다. 아이들이 좋아하고 흥미도 있으면서, 유익한 방법으로 선택한 것은 바로 '한국사 그리기'였답니다.
이 책을 준비하면서 아이와 함께 국립 중앙 박물관에 자주 가게 되었는데요. 박물관이 넓기도 하고 이것저것 볼 것이 많아서 하루에 다 못 보고 여러 번 갔어요. 처음에는 그냥 휙 둘러보고 아이가 다리 아프다고 집에 가자는 바람에 부랴부랴 집에 오기 바빴습니다.
그런데 시간이 지나 박물관에 익숙해지자 아이가 이것저것 물어보기 시작했어요.
"어? 엄마, 이거 그때 그렸던 거잖아요! 이게 여기에 있는 거였어요?" 하고 눈을 반짝이며 관심 있게 둘러보더라고요.

이렇게 눈으로 보고 손으로 직접 그려 보면 기억에 더 오래 남습니다. 또 그림으로 그리다 보면 조금 더 자세히 들여다보게 되죠. 자세히 관찰하다 보면 왜 그런 이름이 붙었는지, 어디에 사용하는 것인지 등 스스로 관심이 생기고요. 관심이 생기면 결국 재미있어지기 시작합니다.

이 책은 그림을 잘 그리기 위한 책이기보다는 한국사를 만나는 첫 번째 문이 되었으면 좋겠어요. 한국사 유물이나 인물을 똑같이 그리거나 잘 그리는 것보다 더 중요한 것은 즐거운 마음으로 그것에 호기심을 갖는 것이랍니다. 연필 하나로 우리나라를 하나하나 배워 나가는 것이죠.

부디 가벼운 마음으로 아이와 함께 그려 보세요. 일상생활 속에서 주변의 아름다움을 느끼고, 예술을 즐거운 것으로 받아들이는 아이로 커갈 수 있도록 부모님도 함께해 주세요. 그러면 자연히 자기의 생각을 마음껏 표현하는 아이로 변해 갈 거예요.

<대한민국 아이들이 가장 좋아하는 한국사 그리기 100>과 소중한 추억도 만들고, 우리나라에 대한 마음도 쑥쑥 키워 나가기를 바랍니다.

목차

시작하는 글 … 004
선 그리기 … 008
동그라미 그리기 … 010
세모 그리기 … 012
네모 그리기 … 014
그림 그리기 준비물 … 016

1장 우리나라 대한민국
우리나라 국기, 태극기 … 020
우리나라 꽃, 무궁화 … 022
대한민국 우리 땅 … 024
우리 돈의 비밀 … 026
아름다운 여자 한복 … 028
아름다운 남자 한복 … 030
조상의 지혜, 기와집 … 032
소박한 멋, 초가집 … 034
전통 음식, 비빔밥 … 036
전통 무술, 태권도 … 038
전통 타악기, 장구 … 040
한국의 탈, 하회탈 … 042
차분한 각시탈 … 044
한국의 전통 연 … 046
한국의 전통 무늬 … 048
서울의 N서울타워 … 050
한국의 동물, 호랑이 … 052
대한민국 도깨비 … 054
제주도 돌하르방 … 056
독도는 우리 땅 … 058

2장 선사 시대와 고조선
따뜻하고 뜨거운 불 … 062
구석기 도구, 뗀석기 … 064
구석기 집, 동굴 … 066
돌을 갈아 만든 간석기 … 068
흙으로 만든 빗살무늬 토기 … 070
신석기 집, 움집 … 072
실을 만드는 가락바퀴 … 074
청동 거울 다뉴세문경 … 076
딸랑딸랑 청동 방울 … 078
비파를 닮은 비파형 동검 … 080
날카롭고 가는 세형동검 … 082
청동기 그릇, 미송리식 토기 … 084
독특한 문양, 농경문 청동기 … 086
족장의 무덤, 고인돌 … 088
고조선을 세운 단군왕검 … 090
고조선의 화폐, 명도전 … 092
화살을 쏘는 무기, 쇠뇌 … 094
철기로 만든 농기구 … 096

3장 삼국 시대
고구려를 세운 주몽 … 100
신성한 새, 삼족오 … 102
네 귀 달린 항아리 … 104
화려한 금 귀걸이 … 106
당당한 봉황모양 꾸미개 … 108
일본에게 준 칠지도 … 110
독특한 세발 토기 … 112

상상의 동물, 진묘수 … 114
백제의 금동대향로 … 116
백제의 정림사지 5층 석탑 … 118
어둠을 밝히는 미륵사지 석등 … 120
천마총에서 발견된 천마도 … 122
황금의 나라, 신라 금관 … 124
최초의 여왕, 선덕 여왕 … 126
하늘을 관찰하는 첨성대 … 128
새 날개 모양 관 꾸미개 … 130
신라의 미소, 얼굴무늬 수막새 … 132
말을 탄 기마 인물형 토기 … 134
감은사지 3층 석탑 … 136
가야의 금관, 금동관 … 138
가야의 오리모양 토기 … 140

4장 통일 신라 시대와 발해
신라의 아름다운 석가탑 … 144
동쪽을 지키는 다보탑 … 146
역사를 담은 석굴암 … 148
마음을 울리는 성덕 대왕 신종 … 150
짐승 얼굴무늬 기와 … 152
연못에서 발견된 금동 가위 … 154
연꽃무늬 수막새 … 156
발해를 지키는 돌사자상 … 158
천년의 역사, 발해 석등 … 160
당당한 기상, 발해 용머리상 … 162
발해의 유일한 탑, 영광탑 … 164
기와 장식품, 발해 치미 … 166
발해 군사 유물, 투구 … 168

5장 고려 시대
고려청자, 상감운학문 매병 … 172
고려청자, 참외모양 병 … 174
물가 풍경무늬 정병 … 176
청자 투각 칠보무늬 향로 … 178

파주 용미리 마애이불입상 … 180
불교 의식구, 금강령 … 182

6장 조선 시대
조선의 궁궐, 경복궁 … 186
한글을 만든 세종 대왕 … 188
왕이 쓰는 모자, 익선관 … 190
조선의 해시계, 앙부일구 … 192
퇴계 이황 … 194
율곡 이이 … 196
위대한 예술가, 신사임당 … 198
위대한 영웅, 이순신 … 200
무적의 군함, 거북선 … 202
암행어사의 증표, 마패 … 204
백성의 소리, 신문고 … 206
한복의 장신구, 노리개 … 208
상상의 동물, 해태 … 210
서양에서 온 천리경 … 212
조선의 교통수단, 가마 … 214
조선의 백자 철화 끈무늬 병 … 216
마을을 지키는 장승 … 218

7장 일제 강점기와 분단
자주독립을 위해 세운 독립문 … 222
대한 독립 만세, 유관순 … 224
분단된 우리나라 … 226
한반도기 … 228
우리나라를 사랑해요! … 230

찾아보기 … 232

선
그리기

자, 그럼 편하게 선을 쭈욱 그려 보아요.

간격을 조금 짧게 그려 볼까요?

더 짧게 그리니 왠지 바늘땀 같죠?

아주 짧게 그리니 점이 됐네요!

아래로도 그려 보고 기울여서 사선도 그려 보세요.

선을 찾아라.

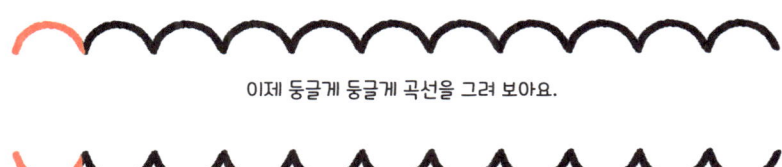

이제 둥글게 둥글게 곡선을 그려 보아요.

아래로 둥글게~

위로 둥글게, 아래로 둥글게~

겹쳐 볼까요?

회오리도 그려 보고 또 마음껏 낙서하듯 그려 보는 것도 재미있어요.

곡선을 찾아라.

동그라미 그리기

동그라미를 예쁘게 그려 보세요.

자, 이제 동그라미 그리기를 연습해 볼까요? 편한 곳 어디든지 시작해도 돼요.
하지만 처음과 끝이 만나는 게 예쁘겠죠?

다양한 동그라미를 그려 볼까요?

길쭉한 동그라미, 넓적한 동그라미, 큰 동그라미, 작은 동그라미처럼
다양한 동그라미를 그려 보세요.

동그라미를 찾아라!

동그라미로 이렇게 많은 그림을 그릴 수 있어요. 우리 주변에 숨어 있는 동그라미를 찾아보세요.

찾았다!
해님 안에 동그라미!

세모
그리기

세모를 예쁘게 그려 보세요.

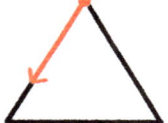 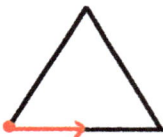 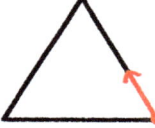 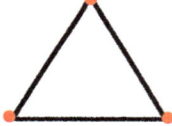

자, 이제 세모 그리기를 연습해 볼까요?
편한 곳에서 시작해서 직선으로 반듯하게 그리는 것이 예뻐요.
각 모서리의 끝과 끝이 만나도록 연습해요.

다양한 세모를 그려 볼까요?

세모를 찾아라!

세모로 이렇게 많은 그림을 그릴 수 있어요. 우리 주변에 숨어 있는 세모를 찾아보세요.

네모
그리기

네모를 예쁘게 그려 보세요.

자, 이제 네모 그리기를 연습해 볼까요?
어느 곳에서 시작해도 상관없지만, 직선으로 반듯하게 그리는 것이 예뻐요.
각 모서리의 점이 만나도록 연습해요.

다양한 네모를 그려 볼까요?

네모를 찾아라!

네모로 이렇게 많은 그림을 그릴 수 있어요. 우리 주변에 숨어 있는 네모를 찾아보세요.

**찾았다!
스탠드 안에 네모!**

그림 그리기
준비물

A4 용지
어디서든 쉽게 볼 수 있고 쉽게 구할 수 있는 종이입니다. 부담 없이 한 장씩 가져와서 쓱쓱 연습하기에 좋고, 클리어 파일에 보관하면 편리해요. 가정에 비치해 두면 실용적으로 쓸 수 있어요.

스케치북
쉽게 구할 수 있는 장점이 있어요. A4 용지보다 두꺼워서 크레파스나 물감을 사용할 때 주로 사용해요.

냅킨이나 티슈
커피숍이나 음식점에 가면 언제나 쉽게 볼 수 있는 것이 냅킨이나 티슈예요. 사인펜으로 그리면 번지는 느낌도 경험할 수 있답니다. 종이에만 그리라는 법은 없죠. 다양하게 여러 곳에다가 그림을 그려 보세요.

연필

그림을 그리는 데에 꼭 필요하고 가장 많이 쓰는 재료입니다. 힘의 강약에 따라 선의 굵기도 달라지기 때문에 샤프보다는 연필을 사용하는 것이 좋아요. 뾰족하게 때론 뭉툭하게 그때마다 느낌이 달라져요. 또 지우개로 지울 수 있어서 틀려도 부담 없어요.

지우개

연필의 단짝 친구 지우개랍니다. 일반적으로 연필로 밑그림을 그리고 사인펜이나 볼펜으로 라인을 그린 후 밑그림을 지울 때 사용해요. 하지만 다른 용도로 사용할 수도 있다는 점. 지우개로 쓱쓱 지워서 그림을 그릴 수도 있답니다.

색연필

주변에서 쉽게 구할 수 있고 칠하기도 쉬워서 아이, 어른 모두 편하게 색칠하기 좋은 도구랍니다. 외출할 때 가지고 다니기도 좋아요.

크레파스

크레파스 역시 아이들이 좋아하는 재료 중 하나죠. 색연필보다는 좀 더 부드럽고 큰 면적을 칠하기에 좋아요. 색연필보다 힘을 덜 들이고도 색을 진하게 칠할 수 있어요.

1장

우리나라 대한민국

대한민국의 국기와 국화는 무엇일까요?
어떤 전통과 문화가 있는지 궁금하지 않나요?
자, 그럼 대한민국으로 떠나 볼까요?

• 우리나라 국기, 태극기 •

우리 민족의 얼이 담겨 있는 자랑스러운 국기랍니다.
태극기를 함께 그려 볼까요?

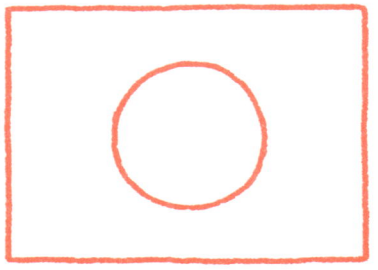

네모 안에 동그라미를 그려요.

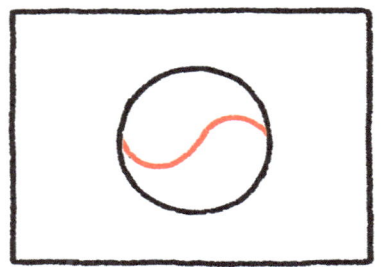

가운데 선을 그려요.

왼쪽 위에 선을 그려요.

왼쪽 아래에 선을 그려요.

오른쪽 위에 선을 그려요.

오른쪽 아래에 선을 그려요.

우리나라 꽃, 무궁화

대한민국의 꽃은 무궁화입니다.
무궁화의 꽃말은 일편단심이지요. 지지 않고 영원히 핀다는 뜻이에요.

긴 타원을 그려요.   타원 중심으로 꽃잎을 그려요.

무늬를 그려요.   주변에 꽃을 그려요.

줄기를 그려요.   잎을 그리면 완성.

대한민국 우리 땅

우리나라 지도 모양은 호랑이를 닮았대요.
용맹스러운 호랑이 모습을 찾아볼까요?

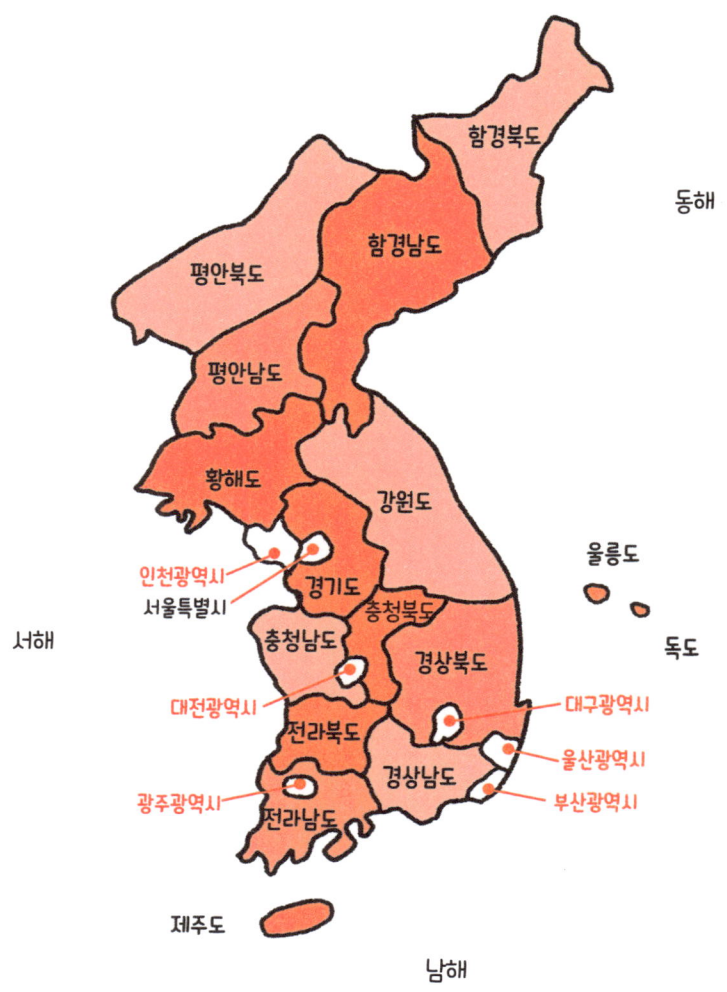

대한민국 지도

지도 윗부분을 그려요.

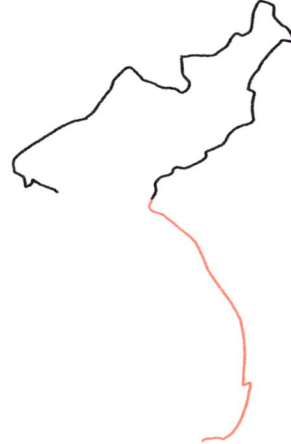

등 부분을 그려요.

나머지 부분을 그려요.

울릉도, 독도, 제주도를 그려서 완성해요.

• 우리 돈의 비밀 •

500원짜리 동전 뒤에는 학이 있답니다.
다른 동전 뒤엔 어떤 그림이 있을까요?

머리와 몸을 그려요.   날개를 그려요.   다리를 그려요.

뒤쪽 날개를 그려요.   뒤쪽 다리를 그려요.   날개의 깃털을 그려요.

동전의 원을 그려요.   오백 원 동전 완성.

• 아름다운 여자 한복 •

한복은 우리 민족 고유의 옷이랍니다.
직선과 곡선의 아름다움을 세계적으로 인정받고 있답니다.

얼굴과 눈, 코, 입을 그려요.

머리를 그려요.

머리띠, 동정을 그려요.

저고리를 그려요.

고름을 그려요.

치마를 그리면 완성.

아름다운 남자 한복

남자의 한복은 바지와 저고리로 이루어져 있답니다.
여자 한복만큼 남자 한복도 참 아름답지요?

한복

얼굴을 그려요.

동정을 그려요.

몸을 그려요.

고름을 그려요.

팔을 그려요.

바지를 그려 완성.

조상의 지혜, 기와집

기와집은 기와로 지붕을 얹은 집을 말해요.
기와의 값이 비쌌기 때문에 기와집에는 주로 양반이 살았어요.

지붕을 그려요.

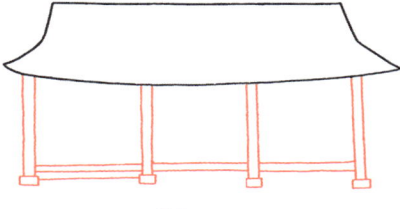

기둥을 그려요.

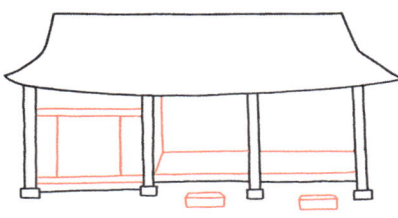

기둥 안쪽에 가로선을 그려요.

창문을 그려요.

세로선으로 나뭇결을 그려요.

기와집 완성.

• 소박한 멋, 초가집 •

흙으로 벽을 세우고 짚이나 갈대로 지붕을 얹은 집을 초가집이라고 해요.
민속촌에 가면 정겨운 초가집을 볼 수 있답니다.

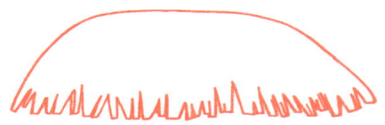
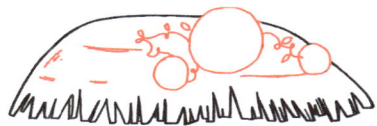

지붕을 그려요. 지붕 위에 박을 그려요.

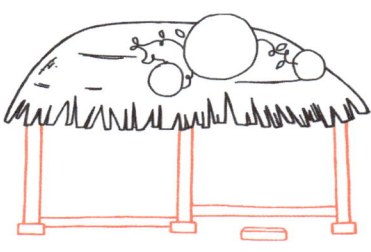

기둥을 그려요. 안쪽과 창문을 그려요.

부엌문과 창문살을 그려요. 나뭇결을 그려서 완성.

• 전통 음식, 비빔밥 •

우리나라 대표 음식 중 하나인 비빔밥.
여러 가지 재료를 넣고 쓱쓱 비벼서 맛있게 먹어요.
건강도 챙기고 일석이조랍니다.

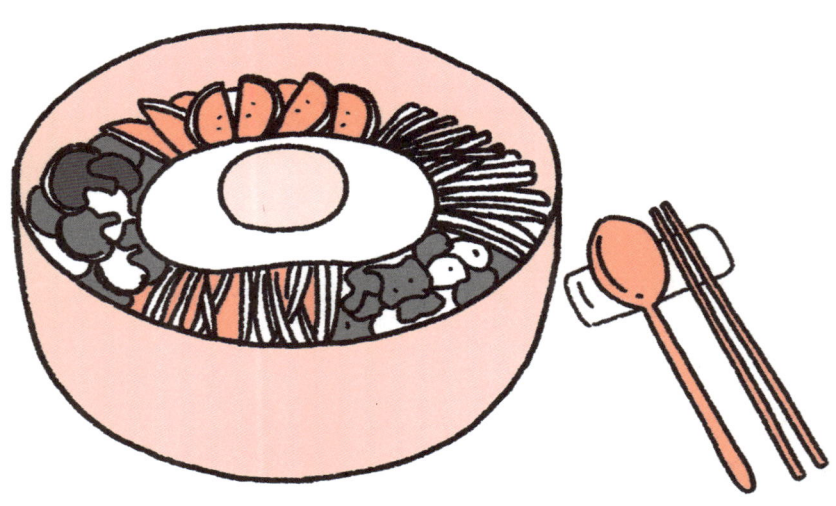

비빔밥

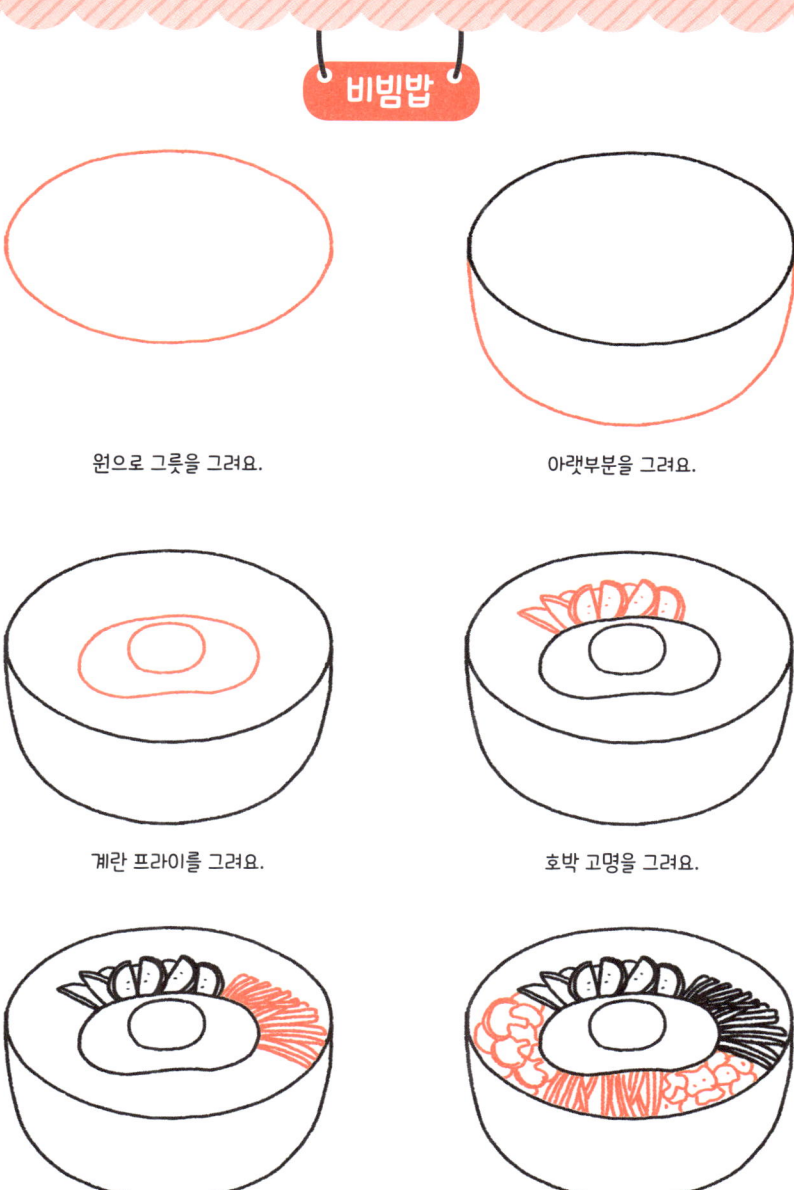

원으로 그릇을 그려요.

아랫부분을 그려요.

계란 프라이를 그려요.

호박 고명을 그려요.

얇게 썬 당근도 그려요.

좋아하는 야채를 그리면 완성.

전통 무술, 태권도

태권도는 어떤 도구 없이도 누구나 쉽게 배울 수 있는 운동이에요.
올림픽 정식 종목인 태권도는 세계가 인정하는 스포츠랍니다.

태권도

얼굴, 눈, 코, 입을 그려요.

머리를 그려요.

팔을 그려요.

윗옷을 그려요.

바지를 그려요.

머리띠를 그려서 완성.

전통 타악기, 장구

장구는 궁편과 채편을 두들기며 아름다운 소리를 내죠.
덩더쿵덕쿵~ 우리 같이 연주해 볼까요?

긴 타원을 그려요.

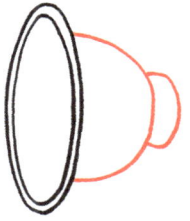

몸통을 그려요.

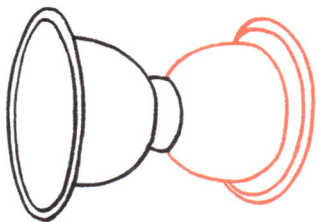

나머지 몸통을 그려요.

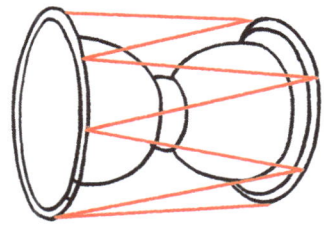

줄을 그려요.

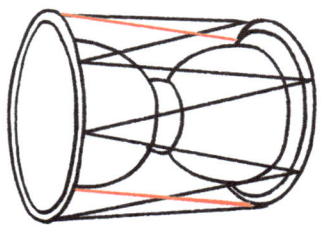

뒤쪽에 줄을 그려요.

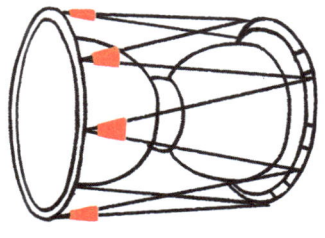

조이개를 그려서 완성.

• 한국의 탈, 하회탈 •

하회탈은 하회마을에서 전해져 내려와 붙여진 이름이랍니다.
지금은 국보로 지정되어 국립 중앙 박물관에 있어요.
언제나 미소를 짓고 있는 하회탈처럼 우리도 함께 웃어 봐요.

하회탈

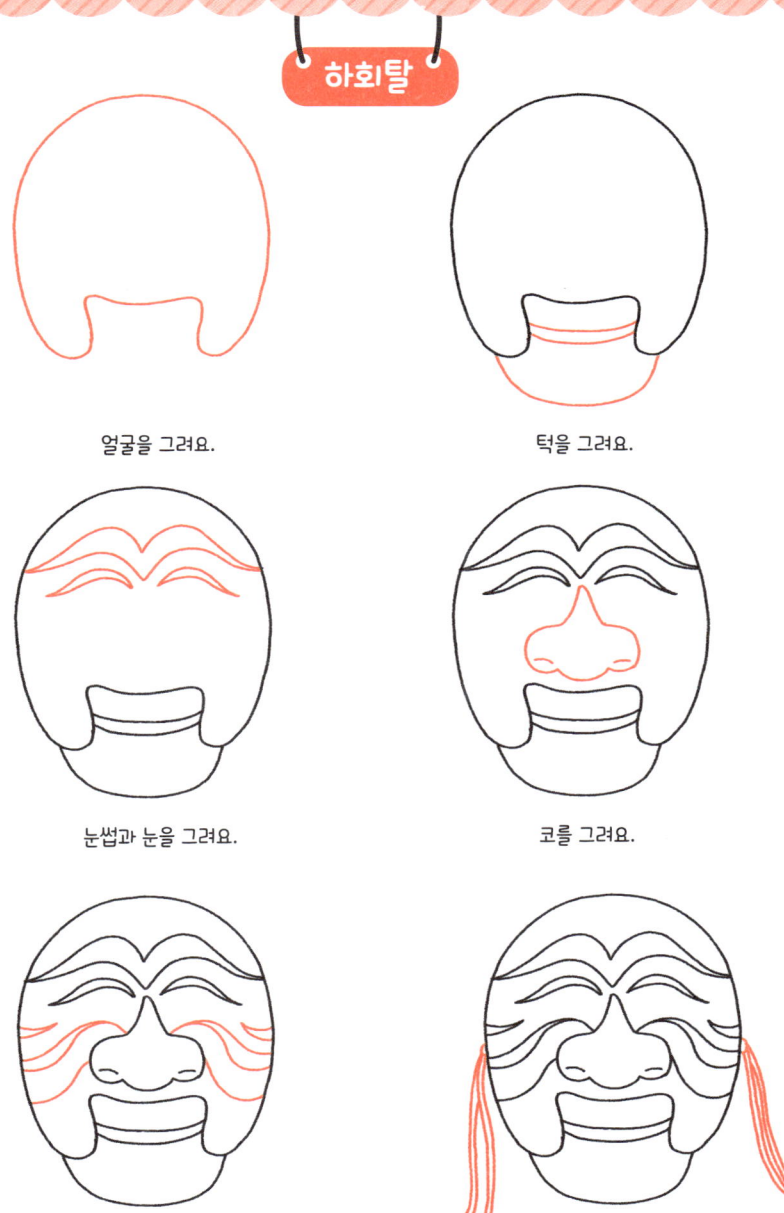

얼굴을 그려요.

턱을 그려요.

눈썹과 눈을 그려요.

코를 그려요.

얼굴에 무늬를 그려요.

줄 장식을 그려 완성.

• 차분한 각시탈 •

각시탈은 우리나라 대표 전통 탈 중에 하나예요.
조용하고 차분한 표정의 멋진 탈 중에 하나랍니다.

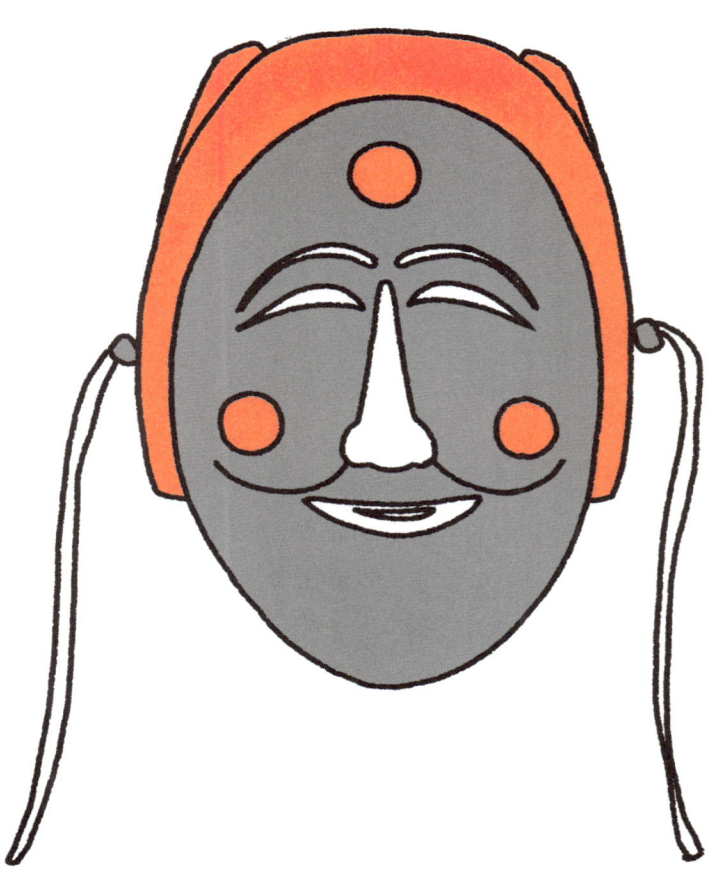

각시탈

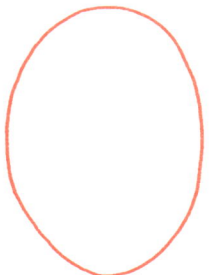
얼굴을 그려요.

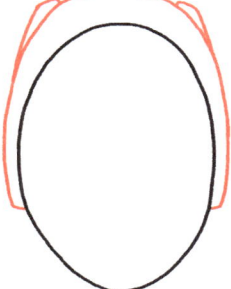
머리를 그려요.

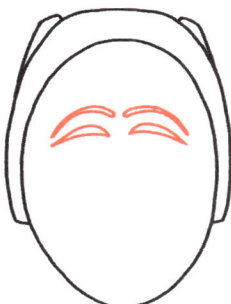
눈썹과 눈을 그려요.

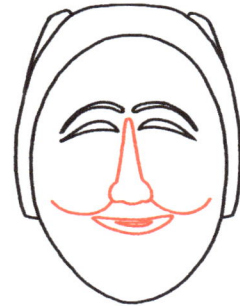
코와 입을 그려요.

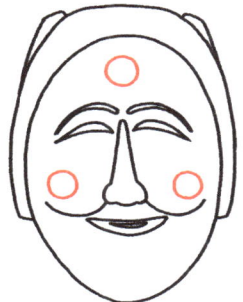
연지곤지를 그려요.

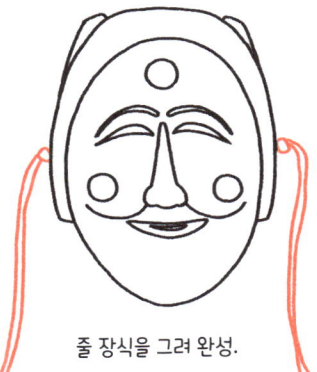
줄 장식을 그려 완성.

한국의 전통 연

옛날 어린이들은 추운 겨울이 되면 밖으로 나가 연을 날리며 신나게 놀았어요.
우리도 밖으로 나가 연을 날리며 놀아 볼까요?

연

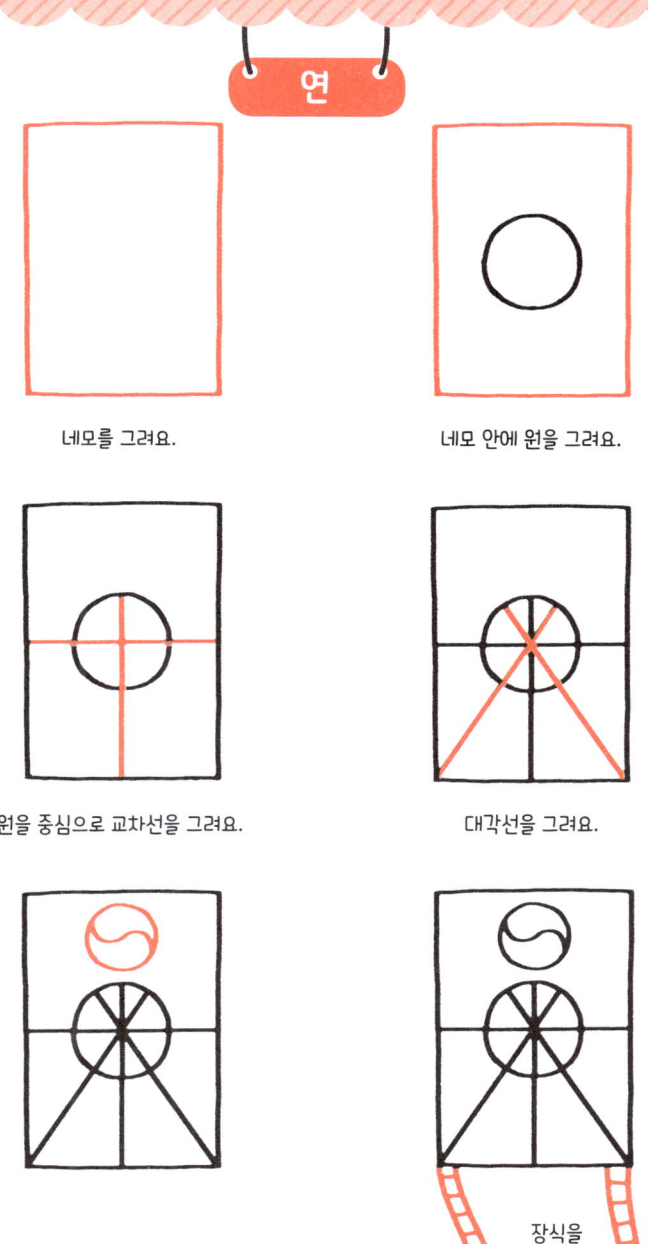

네모를 그려요.

네모 안에 원을 그려요.

원을 중심으로 교차선을 그려요.

대각선을 그려요.

태극무늬를 그려요.

장식을 그려서 완성.

• 한국의 전통 무늬 •

의식주 생활에 다양하게 사용되었던 전통 무늬는 자손 모두 행복하게 살게 해 달라는 소망을 담고 있어요. 우리 주변에 숨어 있는 전통 무늬를 찾아볼까요?

전통 무늬

원을 그려요.

꽃잎을 그려요.

꽃잎보다 큰 원을 그려요.

바깥 원을 그려요.

안쪽에 무늬를 그려요.

꽃의 무늬를 그려 완성.

서울의 N서울타워

대한민국의 대표적인 관광지이자 서울의 상징인 N서울타워.
정상에 오르면 서울 시내 전체를 감상할 수 있습니다.

N서울타워

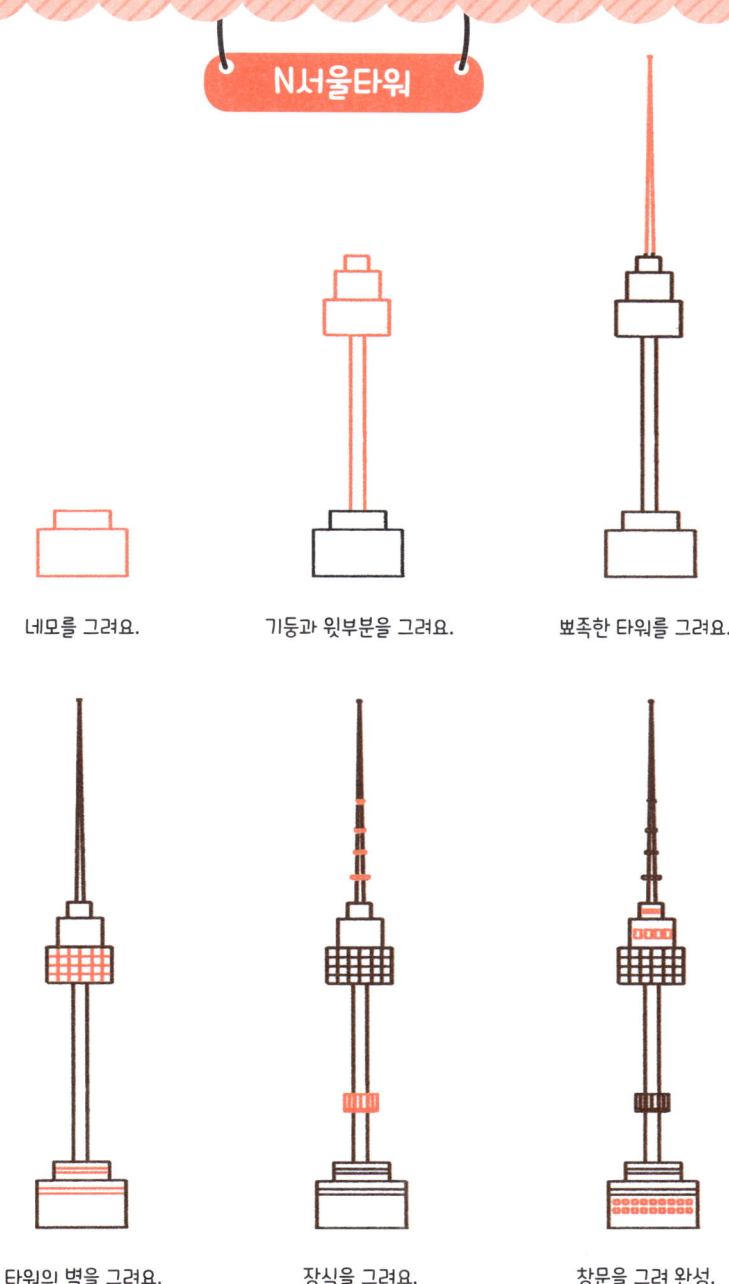

네모를 그려요.

기둥과 윗부분을 그려요.

뾰족한 타워를 그려요.

타워의 벽을 그려요.

장식을 그려요.

창문을 그려 완성.

한국의 동물, 호랑이

우리나라에는 산이 많아서 옛날부터 호랑이가 많이 살았어요.
무섭기도 하지만 용맹스러운 호랑이를 신성한 존재로 믿고 살았다고 해요.

얼굴과 귀를 그려요. 눈, 코, 입을 그려요.

앞다리를 그려요. 뒷다리를 그려요.

꼬리를 그려요. 줄무늬를 그려 완성.

대한민국 도깨비

주로 밤에 나타나서 사람에게 도움을 주기도 하고, 갑자기 사라지는 장난꾸러기랍니다.

얼굴, 눈, 코, 입을 그려요.

머리와 뿔을 그려요.

몸을 그려요.

양팔을 그려요.

도깨비 방망이를 그려요.

발을 그려 완성.

제주도 돌하르방

제주도에 가면 구멍이 숭숭 뚫린 현무암으로 만든 돌하르방이 반갑게 맞이해 줍니다.

돌하르방

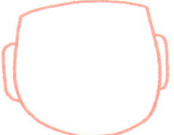
얼굴을 그려요.

눈, 코, 입을 그려요.

모자를 그려요.

두 팔을 그려요.

몸을 그려요.

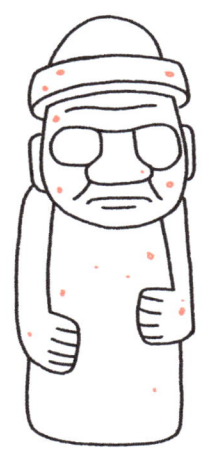
돌의 질감을 그려서 완성.

독도 등대

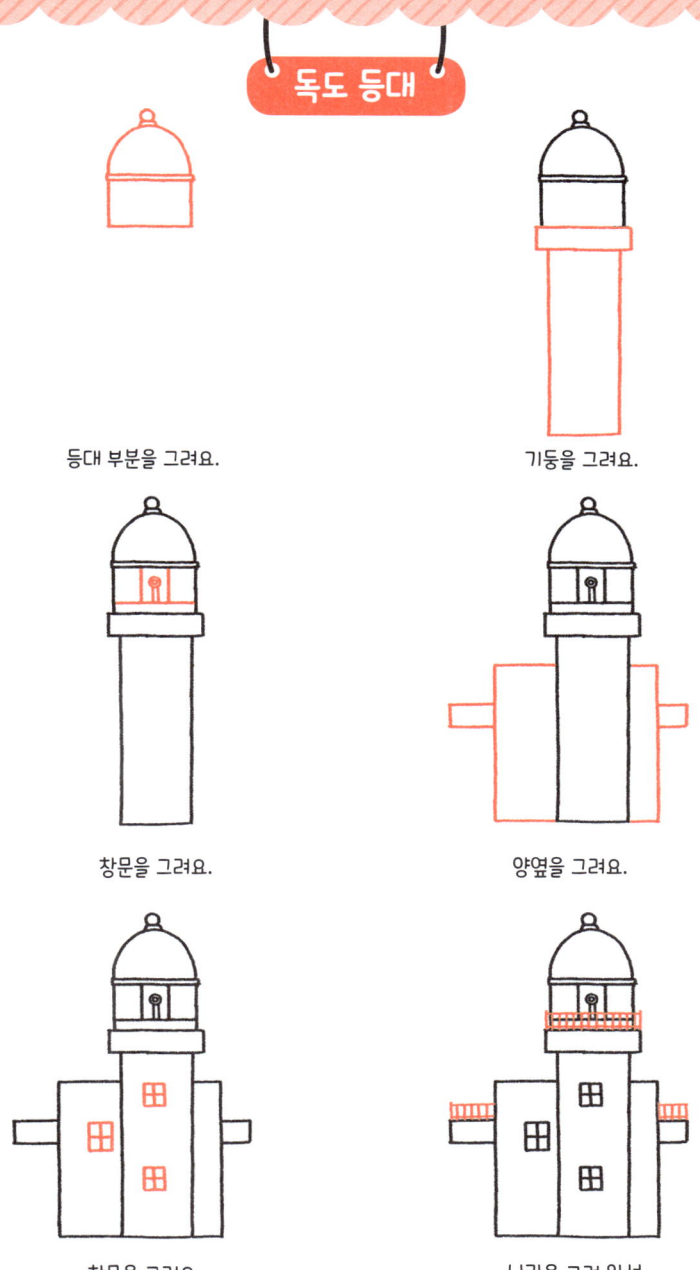

등대 부분을 그려요.

기둥을 그려요.

창문을 그려요.

양옆을 그려요.

창문을 그려요.

난간을 그려 완성.

2장

선사 시대와 고조선

구석기 시대 사람들은 어떻게 살았을까요?
신석기 시대 사람들은 집이 있었을까요?
단군 할아버지는 누구일까요?
우리 함께 선사 시대와 고조선으로 떠나 볼까요?

<구석기 시대>

• 따뜻하고 뜨거운 불 •

구석기 시대 사람들은 불을 이용하여 물고기와 고기를 익혀 먹고, 추위로부터 몸을 보호했어요. 인류 역사상 가장 위대한 발견은 불이 아니었을까요?

불꽃을 그려요.

조금 더 큰 불꽃을 그려요.

불 모양을 그려요.

땔감을 그려요.

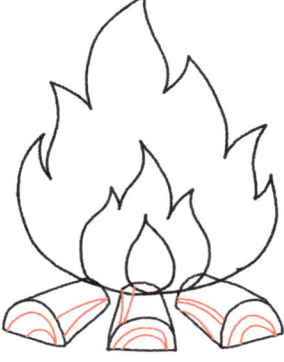

나뭇결을 그려요.

튀는 불꽃을 그려 완성.

<구석기 시대>

구석기 도구, 뗀석기

뗀석기는 돌을 깨뜨리거나 떼어 내어 만든 도구랍니다.
주먹 도끼, 긁개, 찌르개 등 다양한 목적에 맞게 만들어 사용을 했어요.

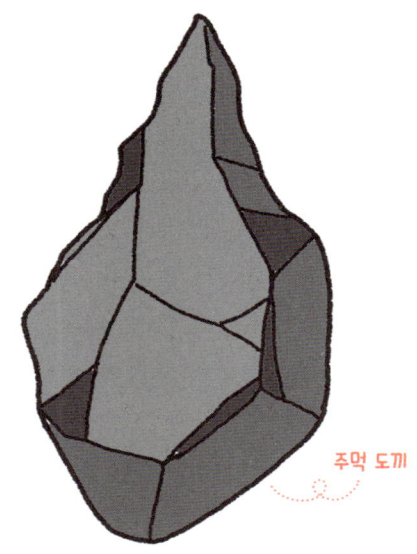

주먹 도끼

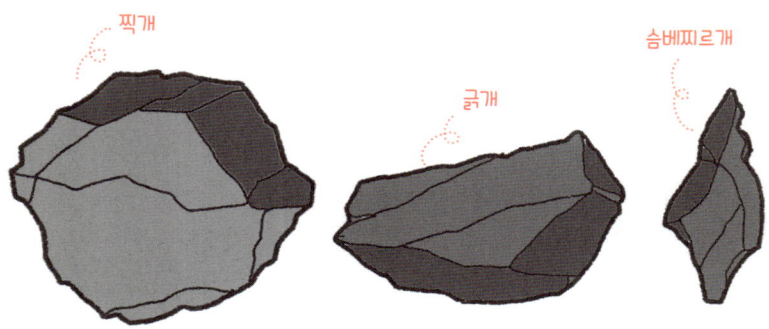

찍개 　　　　긁개 　　　　슴베찌르개

뗀석기

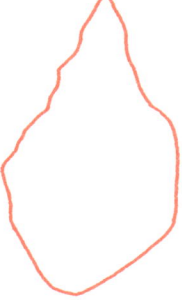

돌 모양을 그려요.

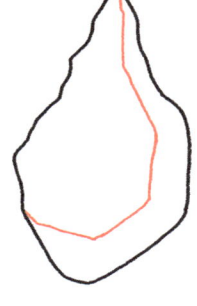

안쪽에 선을 그려요.

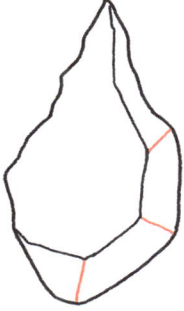

깨진 모서리를 그려요.

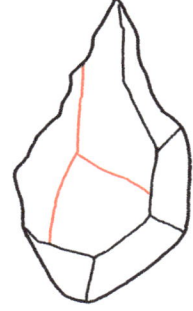

윗부분을 그려요.

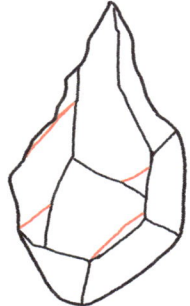

갈라진 부분을 그려요.

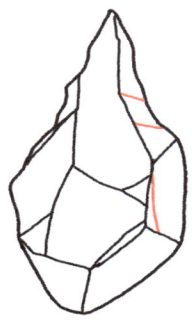

뗀석기 완성.

<구석기 시대>

구석기 집, 동굴

구석기 시대 사람들은 동굴에서 살았어요. 그들은 동굴 벽에 들소, 사슴 등 동물 그림을 그렸어요.
사냥이 잘 되기를 바라는 마음으로 그린 거예요.

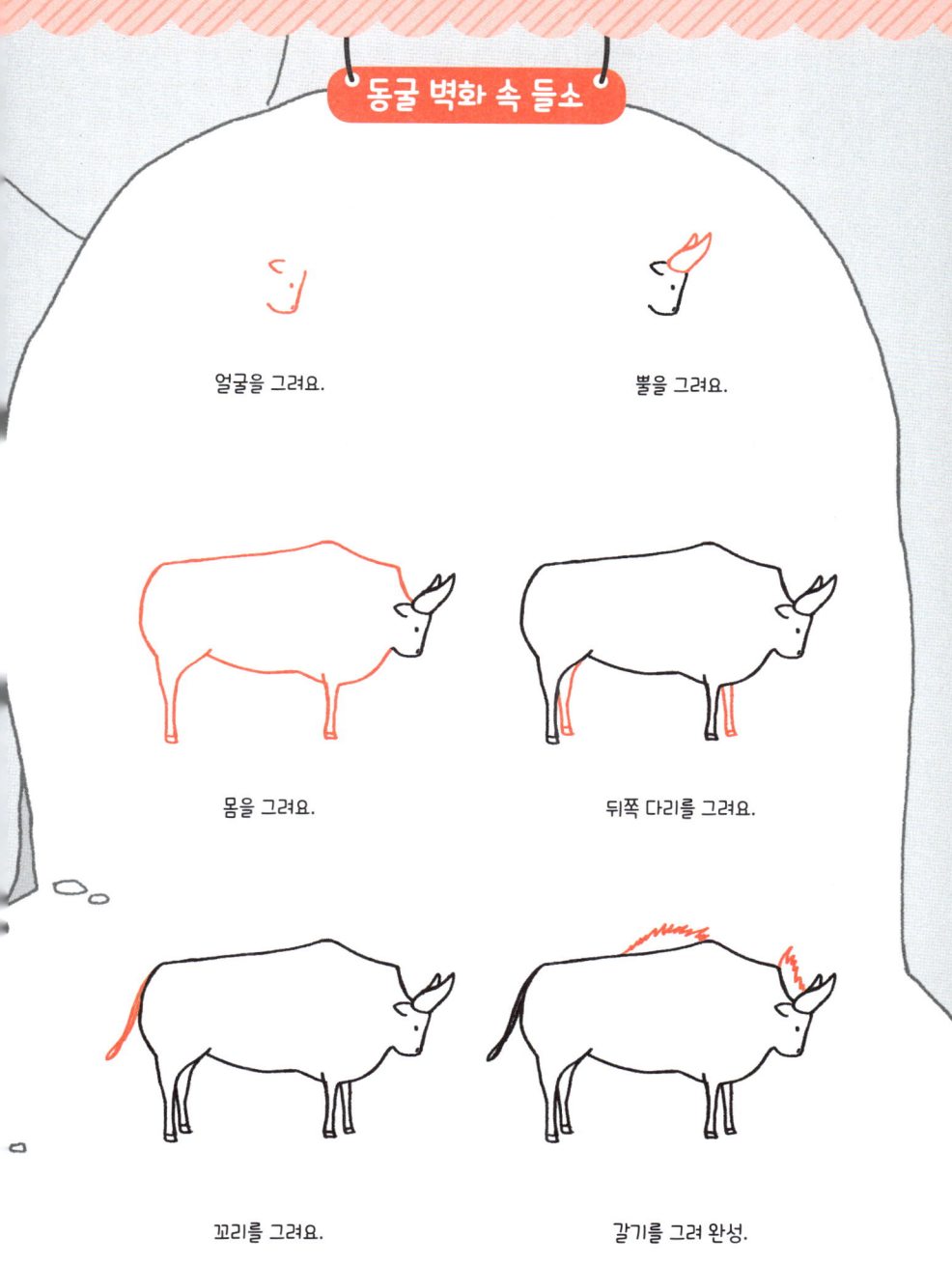

<신석기 시대>

돌을 갈아 만든 간석기

간석기는 돌을 갈아 만든 도구랍니다.
뗀석기의 거친 부분을 갈아서 훨씬 더 날카롭고 정교하게 도구를 만들어 사용했어요.
그래서 농사, 사냥, 고기잡이가 훨씬 더 편해졌어요.

돌을 그려요.

돌의 옆면을 그려요.

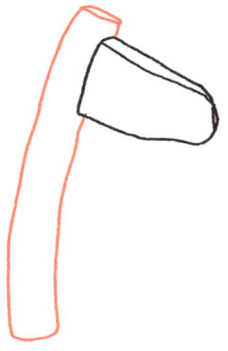

기둥을 그려요.

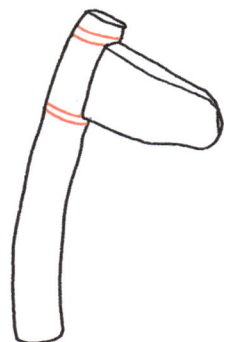

선을 그려요.

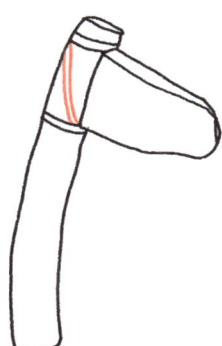

대각선을 그려요.

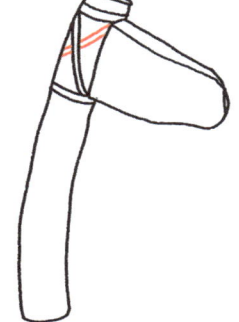

간석기 완성.

<신석기 시대>
흙으로 만든 빗살무늬 토기

불을 피운 자리에 흙이 단단하게 굳는 것을 보고 흙으로 그릇을 만들기 시작했어요.
토기를 구울 때 갈라지지 않도록 하기 위해 빗살무늬를 넣었어요.

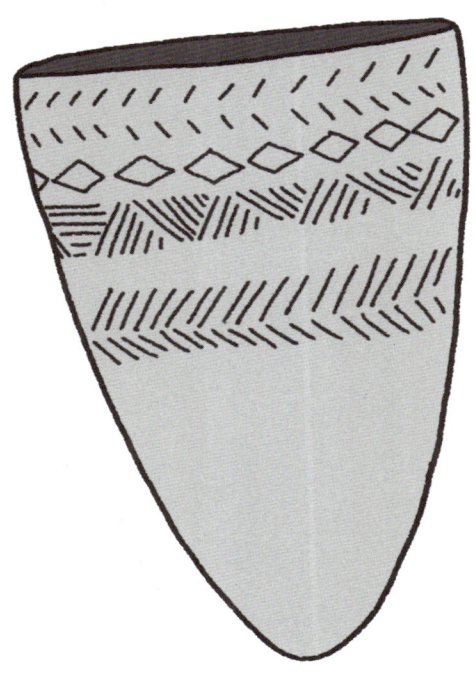

빗살무늬 토기

긴 원을 그려요.

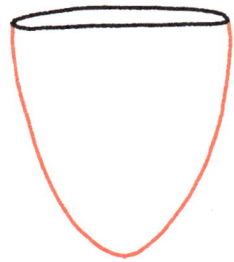
토기 모양을 그려요.

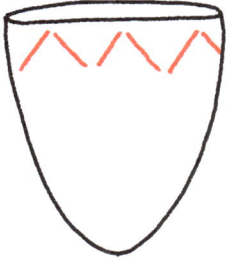
사선으로 무늬를 그려요.

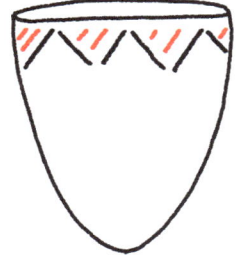
사선 윗부분도 채워 주세요.

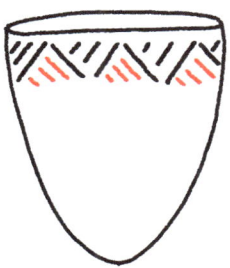
아랫부분도 무늬를 그려요.

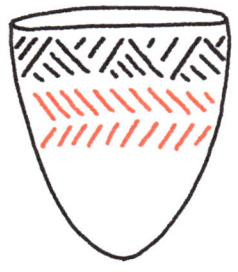
빗살을 그려 토기 완성.

<신석기 시대>

신석기 집, 움집

농사를 짓게 되면서 한곳에 집을 짓고 살았어요.
움집은 원이나 사각형 모양으로 땅을 파고 그 둘레에 기둥을 세워 풀, 갈대, 집을 덮어 만든 집이에요.
움집 중앙에 화덕을 설치해서 추위를 피했답니다.

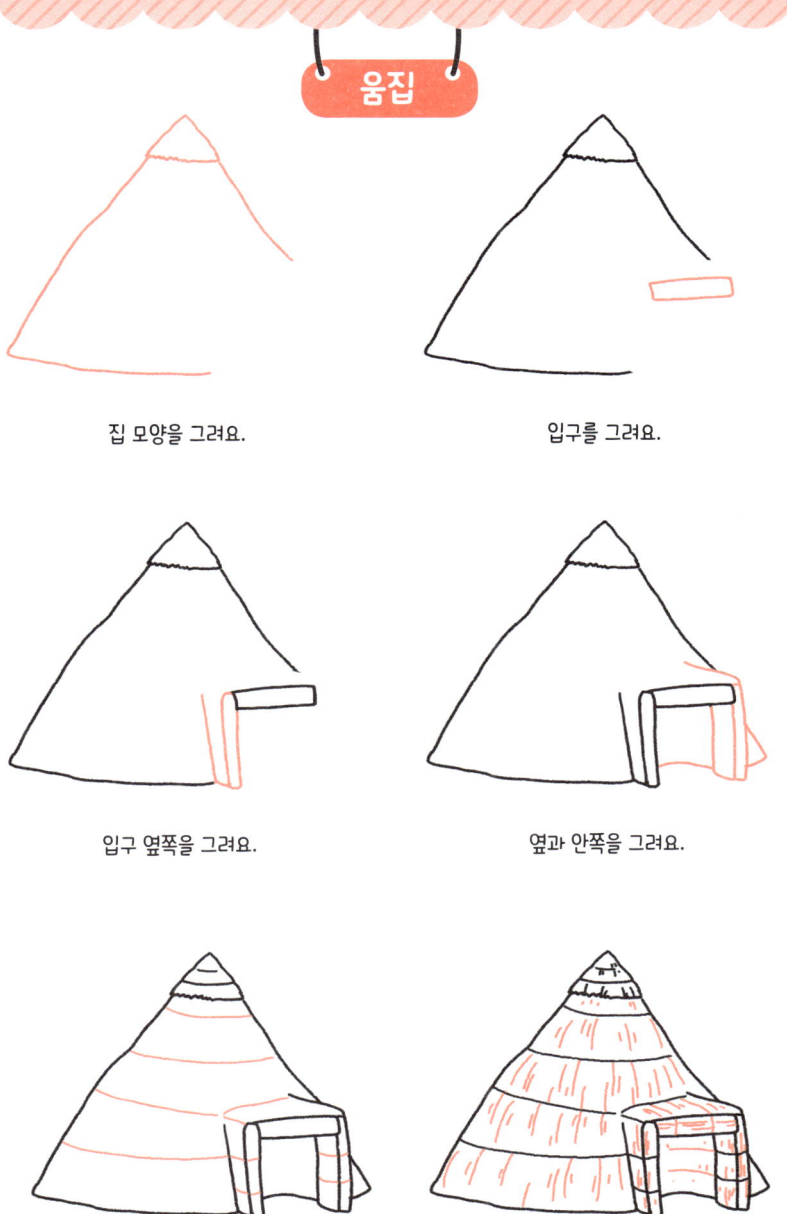

움집

집 모양을 그려요.

입구를 그려요.

입구 옆쪽을 그려요.

옆과 안쪽을 그려요.

가로줄을 그려요.

짚 무늬를 그려 완성.

<신석기 시대>

• 실을 만드는 가락바퀴 •

가늘고 긴 실을 만들 때 사용했던 도구예요.
가락바퀴에 난 구멍에 나무 막대를 끼워 돌려서 식물의 껍질에서 실을 뽑았답니다.
뼈로 만든 바늘로 옷을 만들었어요.

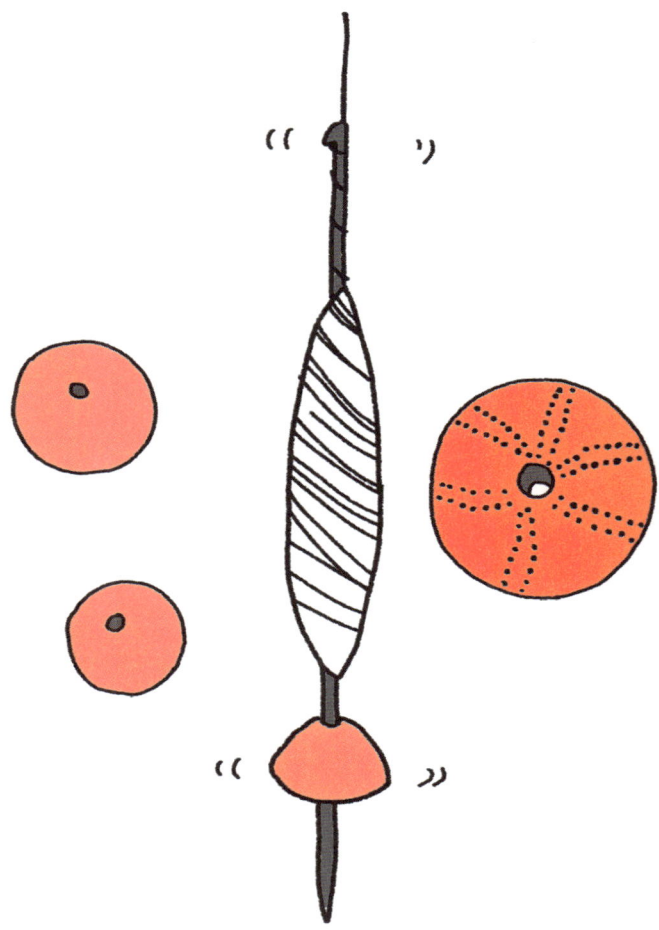

가락바퀴

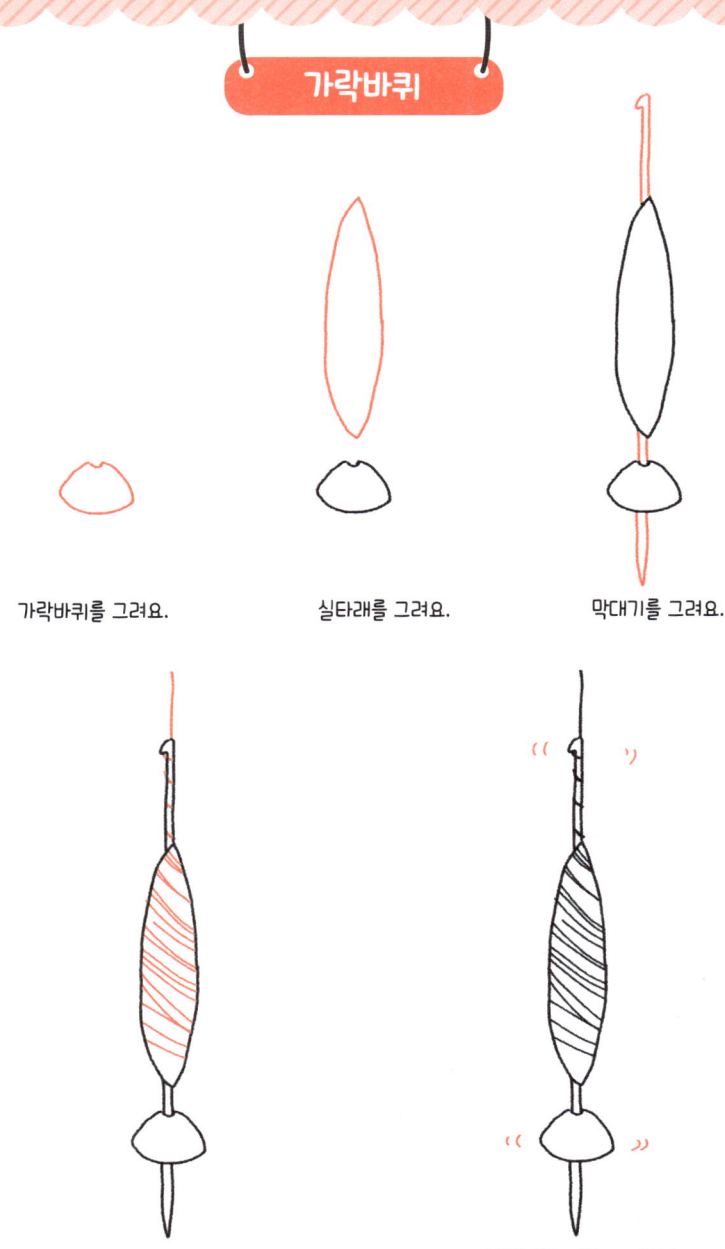

가락바퀴를 그려요.

실타래를 그려요.

막대기를 그려요.

선으로 실을 그려요.

빙글빙글 가락바퀴 완성.

<청동기 시대>

• 청동 거울 다뉴세문경 •

청동기 시대에는 계급이 생기고 부족장들이 있었어요.
부족장들은 신비한 청동 거울을 목에 걸고 다니며 사람들에게 특별한 존재라고 믿게 만들었답니다.

다뉴세문경

원을 그려요.

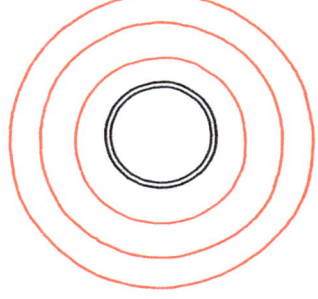

원을 중심으로 더 큰 원들을 그려요.

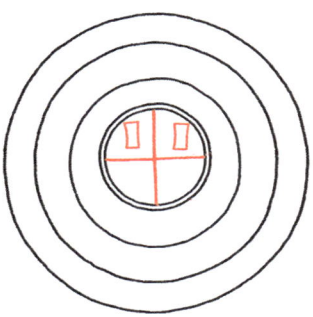

교차선을 그려요.

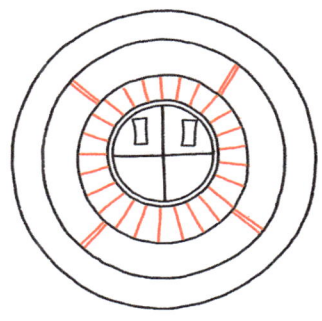

선으로 무늬를 그려요.

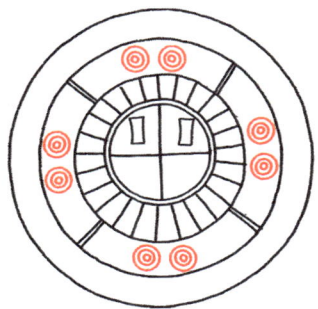

원으로 무늬를 그려요.

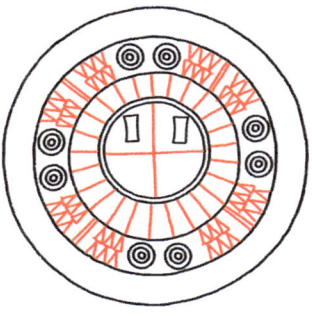

세모로 원을 그려 거울 완성.

<청동기 시대>

딸랑딸랑 청동 방울

청동 거울과 청동 방울은 부족장만 가질 수 있는 물건이에요.
족장이나 제사장이 제사를 지낼 때 주로 사용했어요.

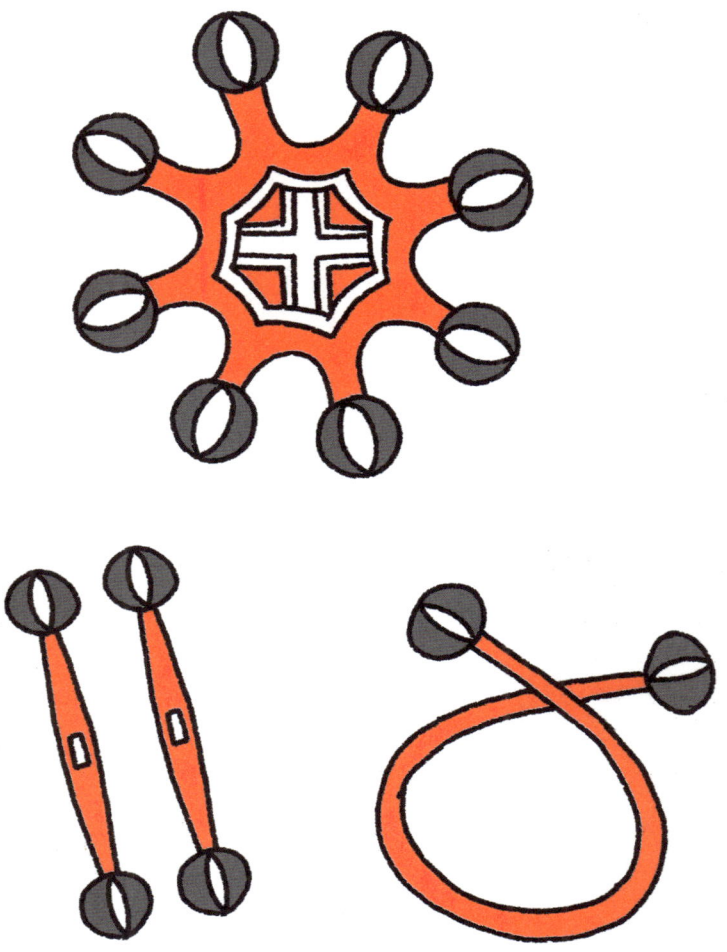

청동 방울

팔각형을 그려요.

안에 선을 그려요.

선으로 무늬를 그려요.

반원을 그려요.

방울을 그려요.

딸랑딸랑 방울 완성.

<청동기 시대>

비파를 닮은 비파형 동검

청동기 시대를 대표하는 유물하면 제일 먼저 떠오르는 것이 청동검이에요.
비파형 동검은 중국의 악기인 비파처럼 생겼다고 해서 붙은 이름이랍니다.

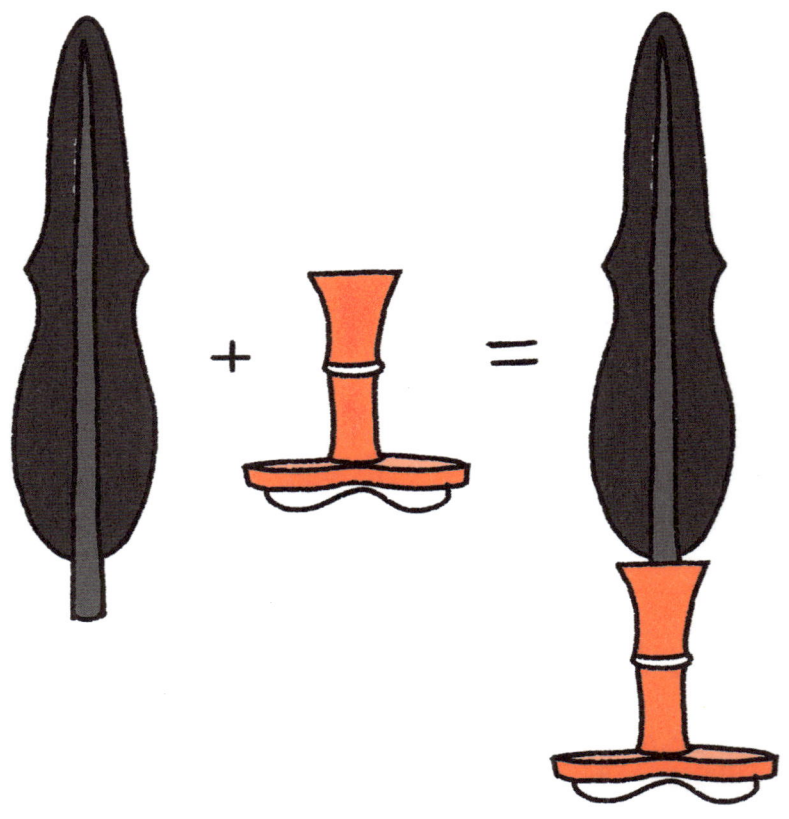

비파형 동검

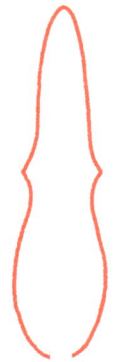
칼 모양을 그려요.

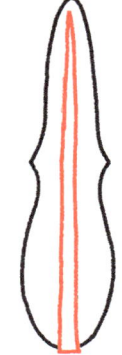
중심선을 그려요.

손잡이를 그려요.

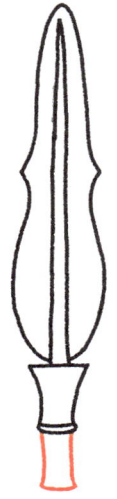
밑부분을 그려요.

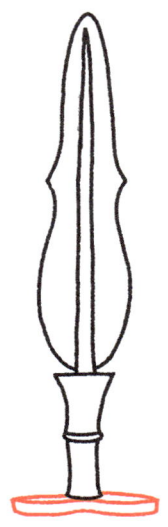
밑판을 그려요.

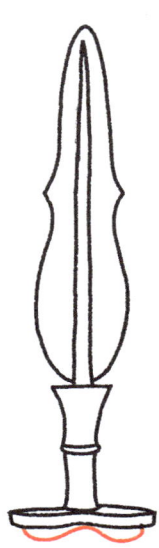
밑부분을 그려서 완성.

<청동기 시대>
날카롭고 가는 세형동검

세형동검은 한반도에서 많이 발굴된 '한국식 동검'이에요.
비파형 동검과 생김새는 다르지만 둘 다 칼날과 손잡이를 따로 만들어 끼워 사용해요.

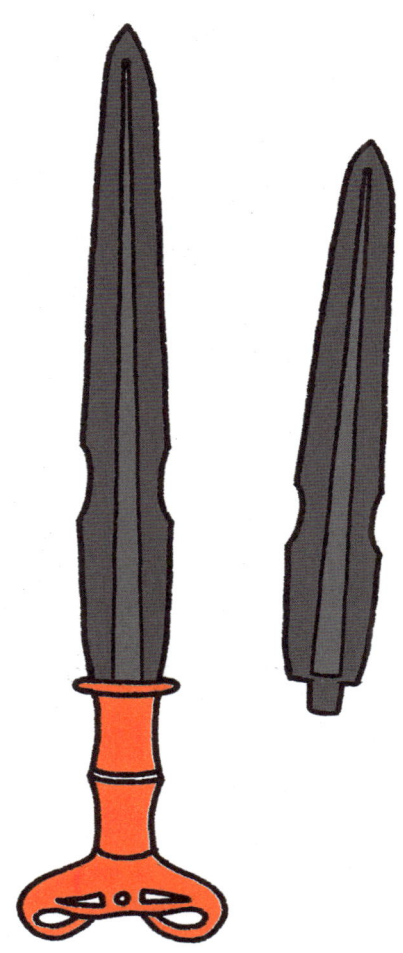

세형동검

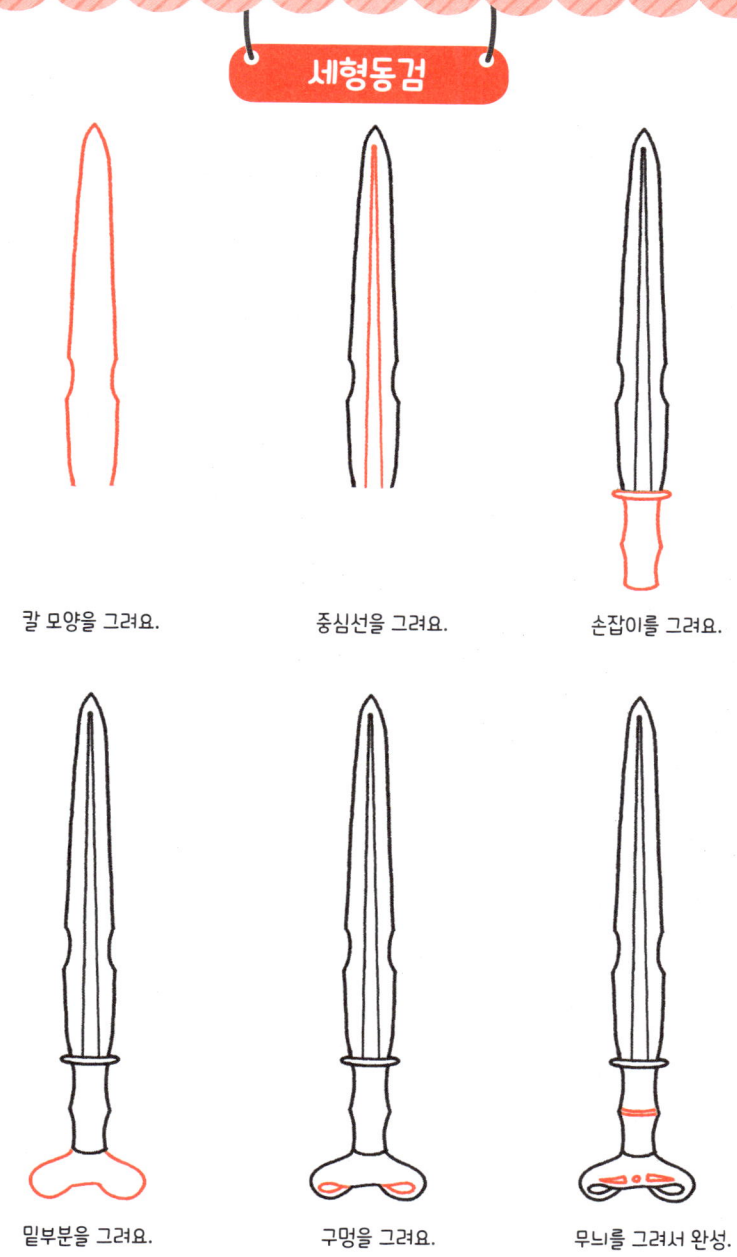

칼 모양을 그려요.

중심선을 그려요.

손잡이를 그려요.

밑부분을 그려요.

구멍을 그려요.

무늬를 그려서 완성.

<청동기 시대>

청동기 그릇, 미송리식 토기

미송리식 토기는 청동기 시대에 있던 민무늬 토기 중에 하나예요.
민무늬 토기는 아무런 무늬가 없는 토기를 말해요.

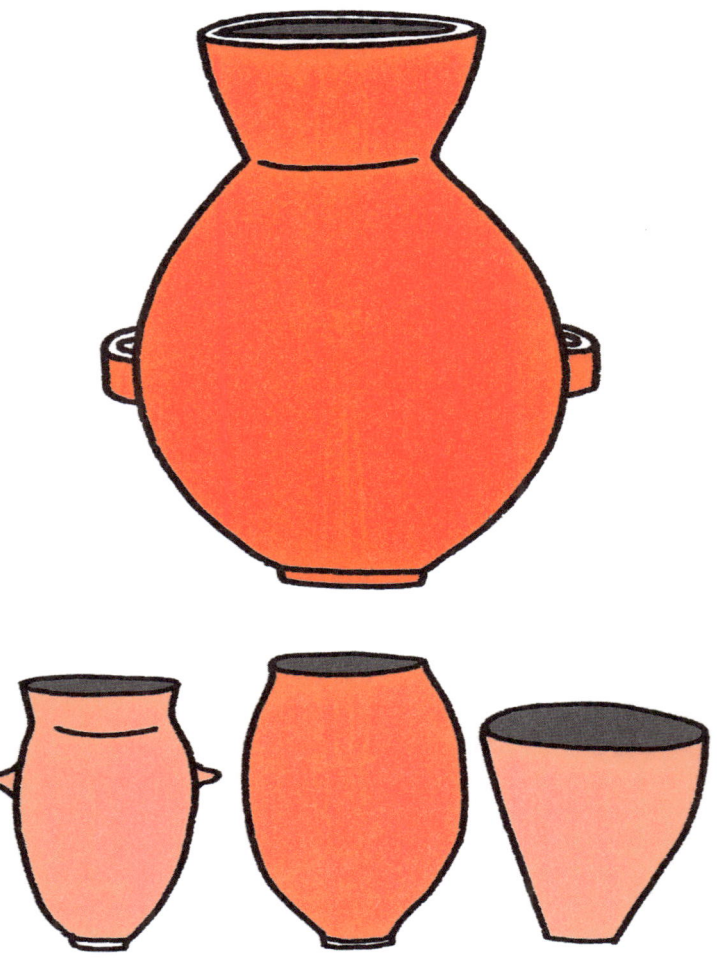

미송리식 토기

긴 타원의 입구를 그려요.

목 부분을 그려요.

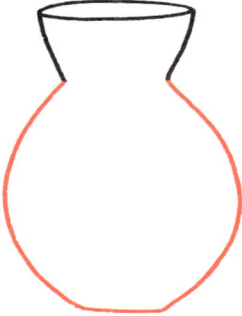
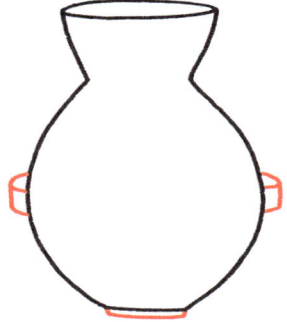

토기 아랫부분을 그려요.

손잡이를 그려요.

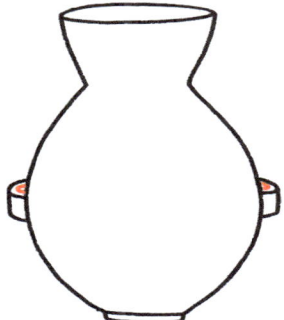
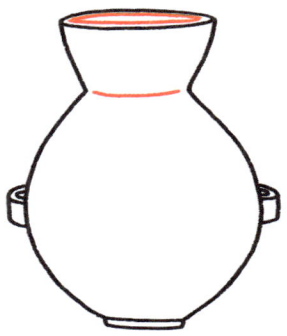

손잡이 안쪽을 그려요.

안쪽 선을 그려서 완성.

<청동기 시대>

독특한 문양, 농경문 청동기

농경문 안에 있는 사람들의 모습이 보이나요?
밭을 갈고 있는 사람, 괭이를 든 사람, 항아리에 두 손을 뻗은 사람 등 당시 생활 모습을 알 수 있어요.

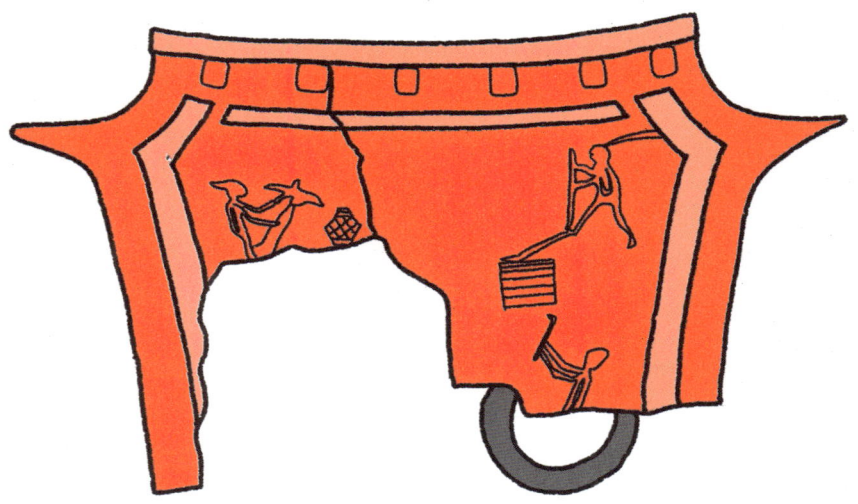

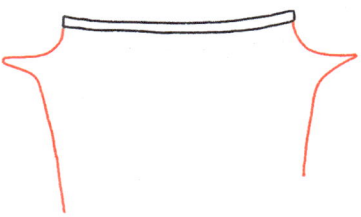

긴 네모를 그려요.

옆선을 그려요.

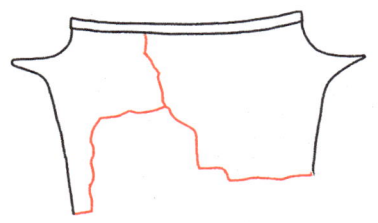

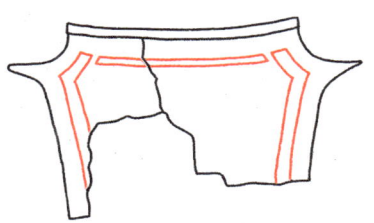

아랫부분을 그려요.

안쪽 선을 그려요.

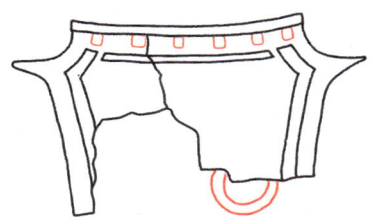

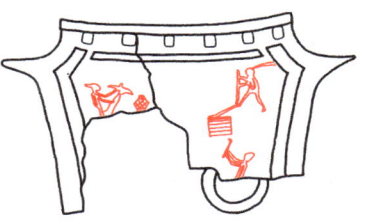

무늬를 그려요.

그림을 그려 완성.

<청동기 시대>

족장의 무덤, 고인돌

고인돌은 커다란 받침대를 세우고 그 위에 커다란 돌을 올려 만든 족장의 무덤이에요.
이렇게 큰 돌을 옮기려면 많은 사람들이 힘을 모아야겠지요?

고인돌

돌을 그려요.

옆쪽 선을 그려요.

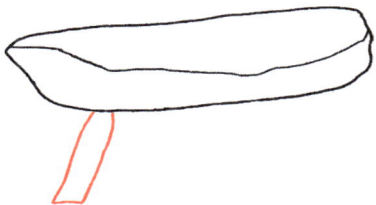

왼쪽 아랫돌을 그려요.

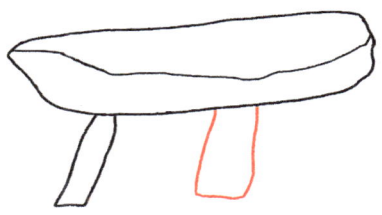

오른쪽 아랫돌을 그려요.

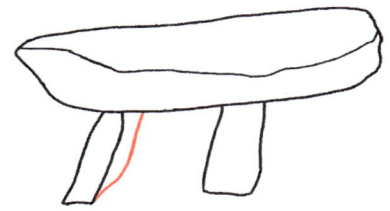

아랫돌 안쪽을 그려요.

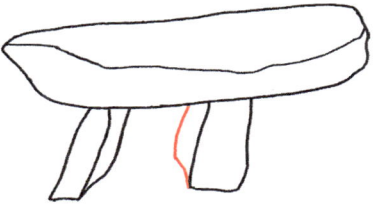

나머지 안쪽을 그려 완성.

<고조선>

고조선을 세운 단군왕검

우리 민족 최초의 국가인 고조선의 첫 번째 왕 단군왕검이에요.
'단군'은 제사를 올리는 제사장, '왕검'은 나라를 다스리는 지배자라는 뜻이에요.
한 사람의 이름이 아니라, 당시 왕들에게 붙여진 이름이랍니다.

단군왕검

얼굴, 눈, 코, 입을 그려요.

머리를 그려요.

수염을 그려요.

팔을 그려요.

옷을 그려요.

옷의 주름을 그려서 완성.

<고조선>

고조선의 화폐, 명도전

명도전은 고조선 때 사용한 화폐예요.

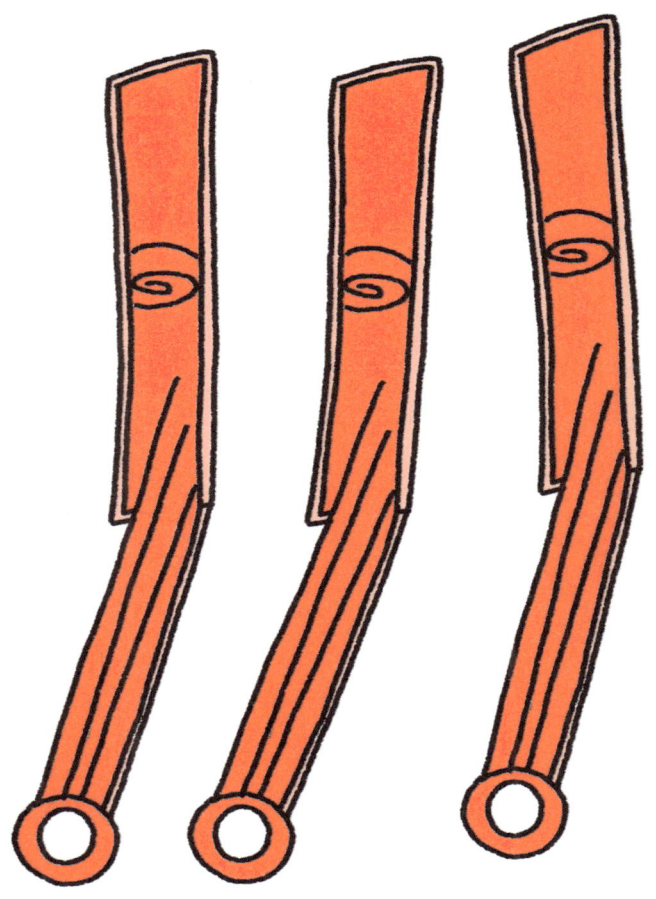

명도전

네모를 그려요.

아랫부분으로 연결해서 그려요.

동그라미를 그려요.

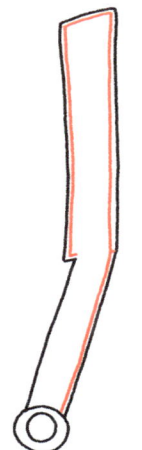

안쪽 선을 그려요.

무늬를 그려요.

사선으로 무늬를 그려 완성.

<고조선>

화살을 쏘는 무기, 쇠뇌

고조선은 청동보다 단단하고 가벼운 철로 도구를 만들기 시작했어요.
쇠뇌는 방아쇠를 이용해 화살을 쏠 수 있는 무기예요.
손으로 당기는 화살보다 더 정확하고 멀리 맞힐 수 있는 무기랍니다.

몸통 부분을 그려요.

옆면을 그려요.

윗부분을 그려요.

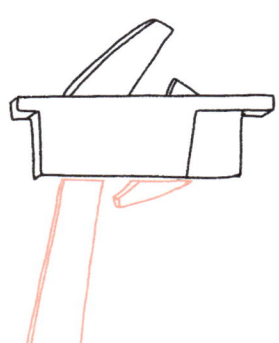

손잡이와 고리를 그려요.

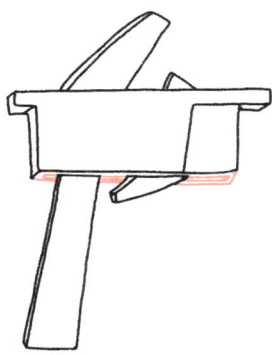

밑부분을 그려요.

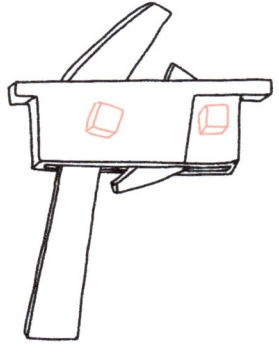

튀어나온 부분을 그려 완성.

<고조선>

철기로 만든 농기구

철은 구하기도 쉽고 단단해서 일상생활 도구로 만들기가 쉬웠어요.
그래서 농사에 필요한 쇠도끼, 따비, 낫 등의 도구로 곡식을 많이 거둘 수 있게 되었어요.

도끼

따비

낫

따비

긴 손잡이 부분을 그려요.

옆면과 중간 부분을 그려요.

연결된 고리를 그려요.

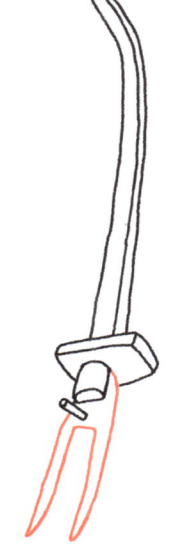

아랫부분을 그려요.

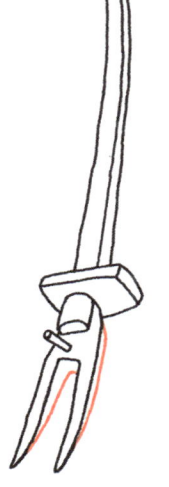

옆면을 그려요.

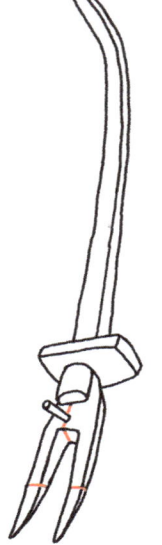

조금 더 자세히 그려서 완성.

3장

삼국 시대

고구려는 누가 만들었을까요?
백제의 유명한 탑은 무엇일까요?
신라 하면 떠오르는 것은 무엇일까요?
고구려, 백제, 신라가 함께 살았던 삼국 시대로 떠나 볼까요?

<고구려>

고구려를 세운 주몽

고구려라는 나라를 세운 왕이에요.
알에서 태어났다고 전해지며, 활을 잘 쏘았답니다.

얼굴, 눈, 코, 입을 그려요.

머리를 그려요.

몸과 팔을 그려요.

옷을 자세히 그려요.

다리를 그려요.

화살을 그려 완성.

<고구려>

• 신성한 새, 삼족오 •

고구려의 고분 벽화에 있는 삼족오는 세 발 달린 까마귀예요.
하늘과 인간 세계를 이어 주는 신성한 새로 알려져 있답니다.

삼족오

원을 그려요.

원 안에 얼굴과 몸을 그려요.

다리를 그려요.

날개를 그려요.

큰 원을 그려요.

무늬를 그려서 완성.

<고구려>

• 네 귀 달린 항아리 •

이름처럼 귀(손잡이)가 네 개 달린 항아리랍니다.

네 귀 달린 항아리

손잡이를 그려요.

뚜껑 윗부분을 그려요.

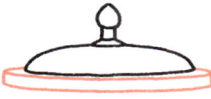
가장자리를 그려요.

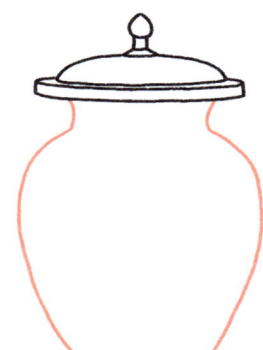
항아리 모양을 그려요.

양쪽에 손잡이를 그려요.

나머지 손잡이를 그려 완성.

<고구려>

• 화려한 금 귀걸이 •

고구려의 화려한 금속 공예 기술을 보여 주는 금 귀걸이.
주로 왕족이나 지배층의 장신구로 사용되었답니다.

금 귀걸이

중심이 되는 부분을 그려요.

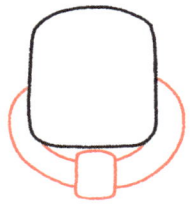

연결 고리를 그려요.

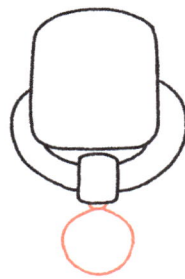

동그란 장식을 그려요.

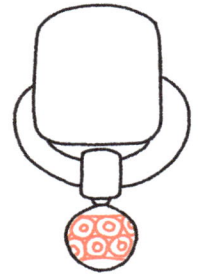

장식 안에 무늬를 그려요.

연결된 장식을 그려요.

끝에 달린 장식을 그려 완성.

<고구려>

당당한 봉황모양 꾸미개

얇은 금동판을 오려서 만들었어요.
봉황은 주로 왕비를 상징한답니다.

봉황모양 꾸미개

얼굴을 그려요.

머리에 달린 장식을 그려요.

목선을 그려요.

뒷목을 그려요.

몸과 날개를 그려요.

다리를 그려 완성.

<백제>

일본에게 준 칠지도

근초고왕이 일본 왕에게 선물한 칼이에요.
칼날이 가운데 1개, 좌우로 3개씩 뻗어 있어 총 7개로 칠지도라고 불린답니다.

칠지도

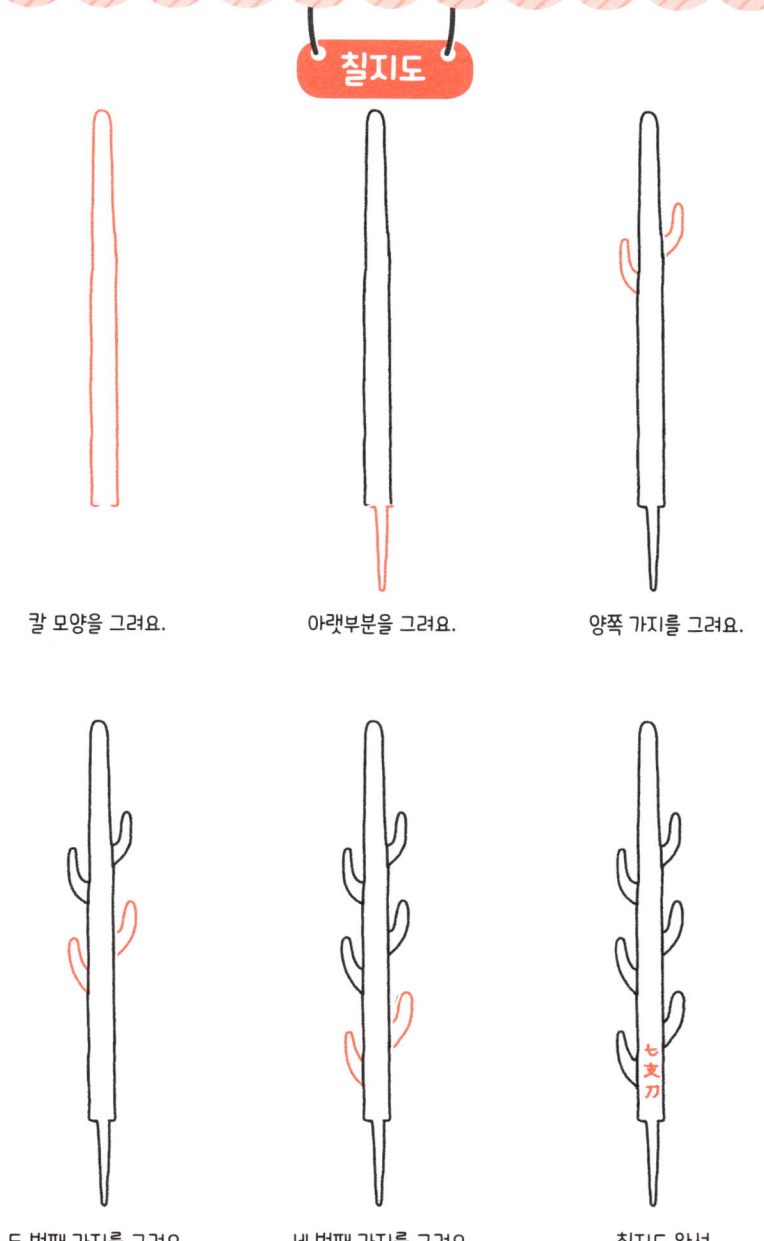

칼 모양을 그려요.

아랫부분을 그려요.

양쪽 가지를 그려요.

두 번째 가지를 그려요.

세 번째 가지를 그려요.

칠지도 완성.

<백제>

• 독특한 세발 토기 •

세 개의 발이 달린 토기는 백제에만 있는 독특한 모양의 그릇이에요.

타원으로 손잡이 윗부분을 그려요.   옆면과 아랫부분을 그려요.

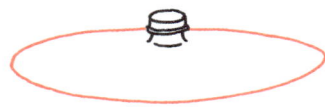

뚜껑 윗부분을 그려요.   옆면을 그려요.

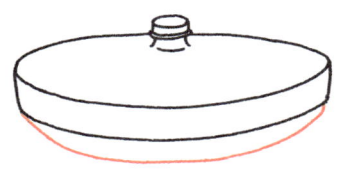
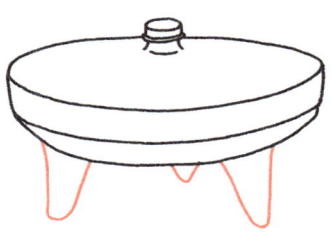

아랫부분을 그려요.   다리를 그려 완성.

<백제>

상상의 동물, 진묘수

진묘수는 무덤을 지키기 위해 무덤 속에 놓아두는 조각상이랍니다.
백제의 무령왕릉에서 발견되었어요.

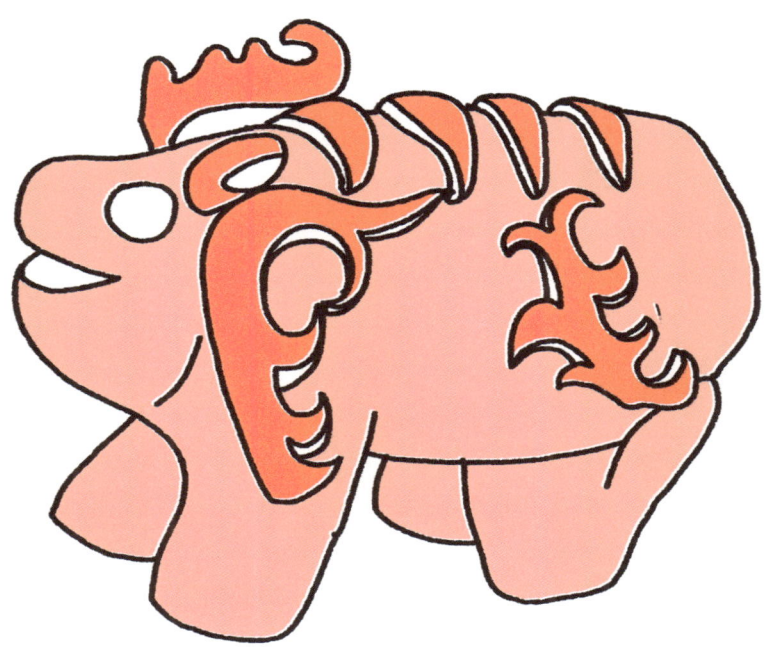

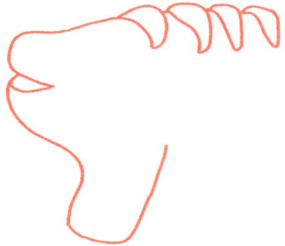

얼굴과 앞다리를 그려요.

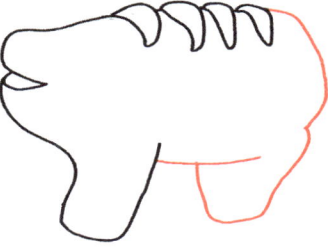

뒷다리를 그려요.

눈과 뿔을 그려요.

뒤쪽 다리를 그려요.

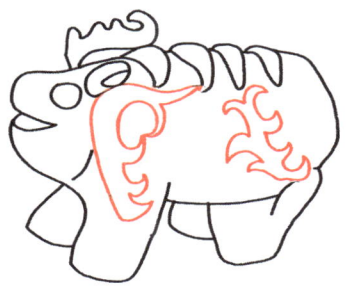

무늬를 그려요.

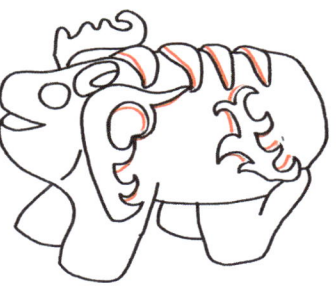

무늬 안쪽을 그려 완성.

<백제>

백제의 금동대향로

금동대향로는 동아시아에서 가장 크고 아름다운 향로예요.
무려 1400년이나 땅에 묻혀 있었는데도, 녹이 슬거나 흠집 하나 없이 발견되었대요.

금동대향로

봉황의 날개를 그려요.   얼굴과 꼬리를 그려요.   밑부분과 연결된 기둥을 그려요.

향로의 윗부분을 그려요.   아랫부분을 그려요.

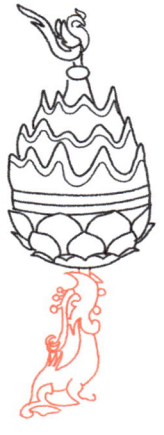

기둥을 그려요.   기둥 받침을 그려 완성.

<백제>

백제의 정림사지 5층 석탑

정림사지 5층 석탑은 지금까지 부여에 유일하게 남아 있는 백제의 건축 유물이랍니다.

정림사지 5층 석탑

네모로 중심을 그려요.

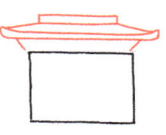

연결된 탑을 그려요.

탑의 윗부분을 그려요.

탑의 아랫부분을 그려요.

선으로 조금 더 자세히 그려요.

세로선으로 무늬를 그려 석탑 완성.

<백제>

• 어둠을 밝히는 미륵사지 석등 •

어둠을 밝히는 석등은 주로 석탑 앞에 있어요.

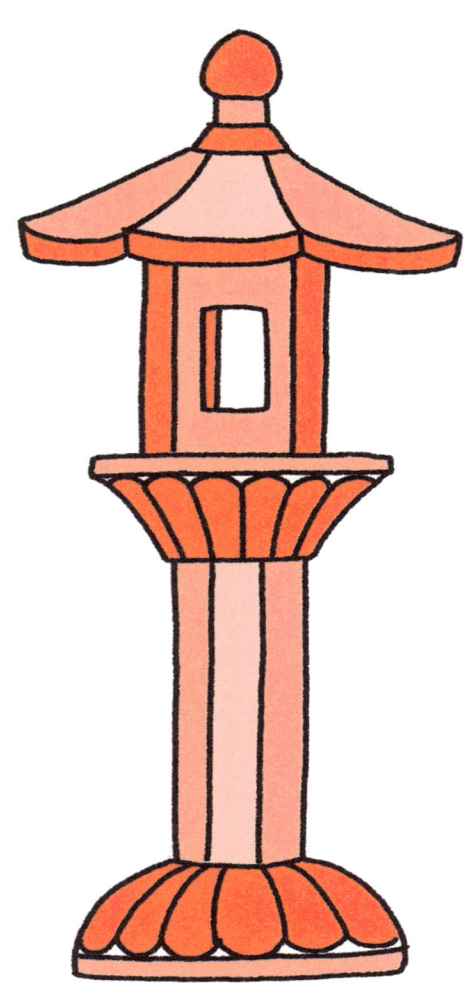

미륵사지 석등

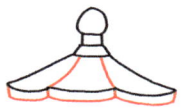

윗부분을 그려요.

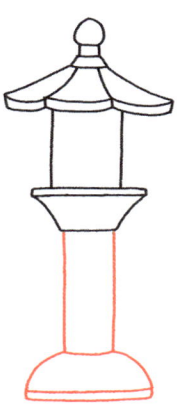

조금 더 자세히 그려요.

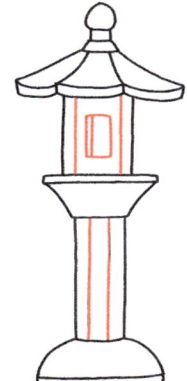

가운데 기둥을 그려요.

밑기둥을 그려요.

세로선으로 면을 그려요.

무늬를 그려 완성.

<신라>

천마총에서 발견된 천마도

천마도는 신라 시대 무덤인 천마총에서 발견되었어요.
하늘을 나는 말 '천마'가 그려져 있었어요.

얼굴과 갈기를 그려요.   앞다리를 그려요.

뒷다리를 그려요.   뒤쪽 다리를 그려요.

꼬리를 그려요.   무늬를 그려 완성.

<신라>

황금의 나라, 신라 금관

신라는 황금의 나라예요. 많은 금관과 금 장신구들이 많았지요.
신라의 금관은 다른 나라에서 찾아볼 수 없는 신라 고유의 금관이에요.

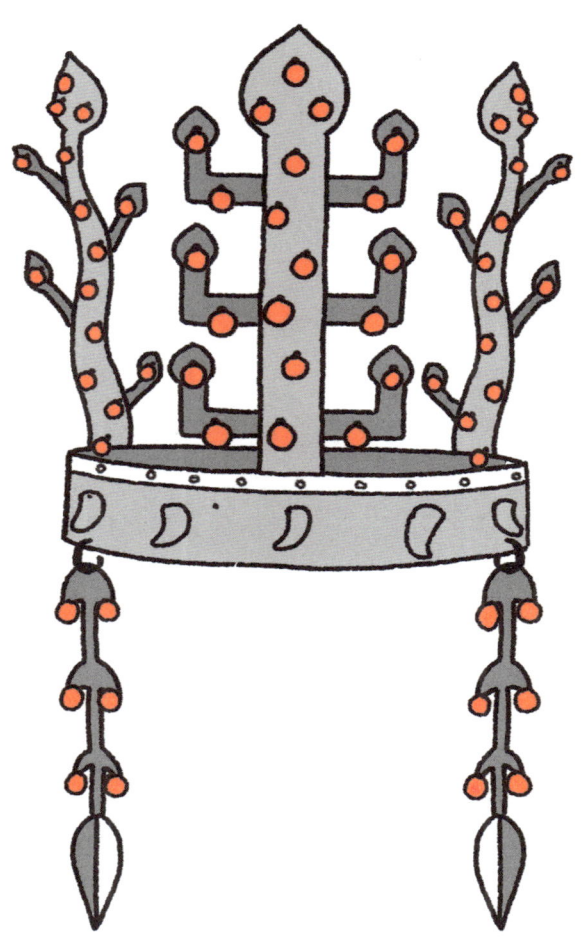

머리띠 부분을 그려요.

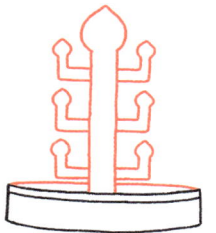

중심 장식을 그려요.

양쪽 장식을 그려요.

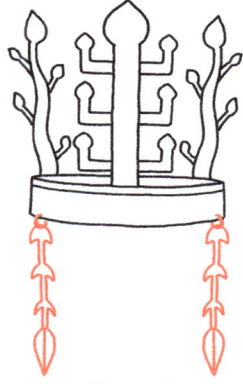

밑에 달린 장식을 그려요.

머리띠 장식을 그려요.

나머지 장식을 그려 완성.

<신라>

최초의 여왕, 선덕 여왕

선덕 여왕은 우리나라 최초로 여왕이 되어 신라를 다스렸어요.
위기를 잘 극복하며 16년간 신라를 다스렸어요.

선덕 여왕

얼굴, 눈, 코, 입을 그려요.

왕관을 그려요.

귀걸이, 옷깃을 그려요.

팔을 그려요.

치마를 그려요.

무늬를 그려 완성.

<신라>

하늘을 관찰하는 첨성대

첨성대는 하늘을 관찰하기 위해 만들어진 천문대예요.
선덕 여왕 때 만들었고, 동양에서 가장 오래된 천문대랍니다.

첨성대

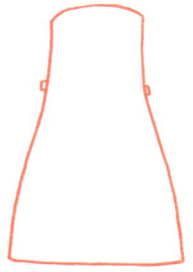
전체 모양을 그려요.

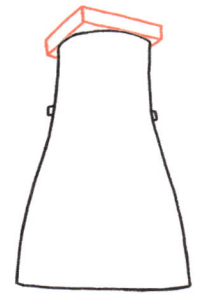
윗부분을 그려요.

아랫부분을 그려요.

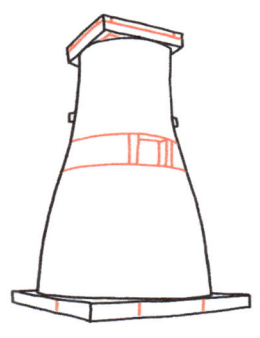
뚫린 부분을 그려요.

가로선을 그려요.

세로선으로 벽돌을 그려 완성.

<신라>

• 새 날개 모양 관 꾸미개 •

천마총에서 발견된 화려한 장식이에요.
힘찬 새의 날개 모양으로 죽은 사람의 영혼이 하늘로 오르기를 소망하는 마음을 담고 있어요.

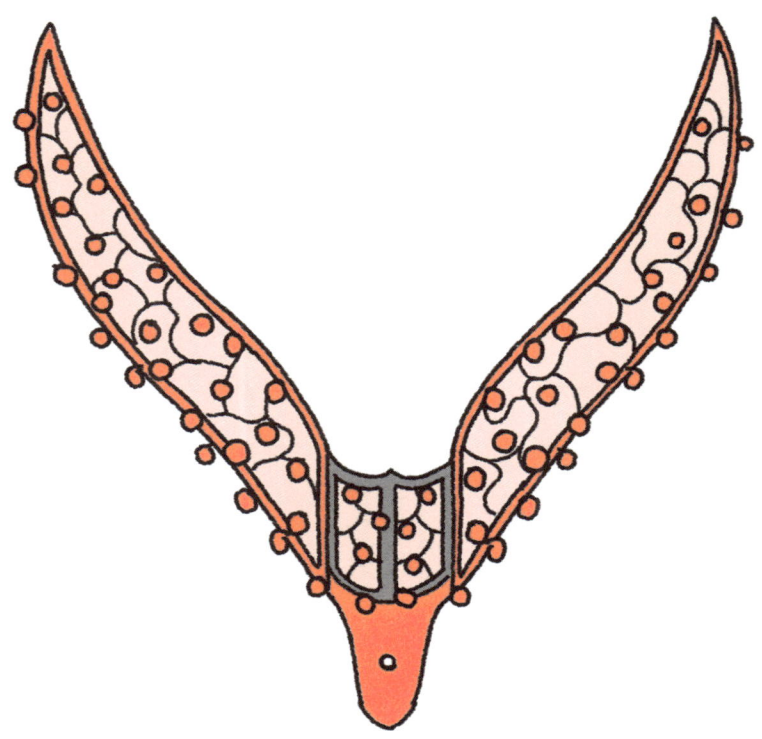

관 꾸미개

중심 부분을 그려요.

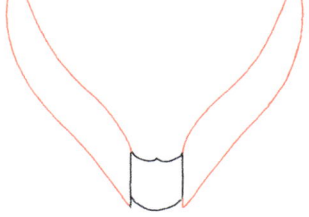
양 날개를 그려요.

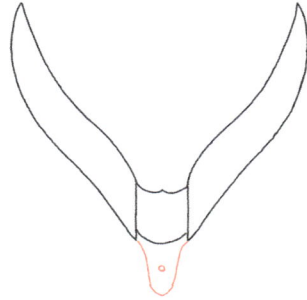
아랫부분을 그려요.

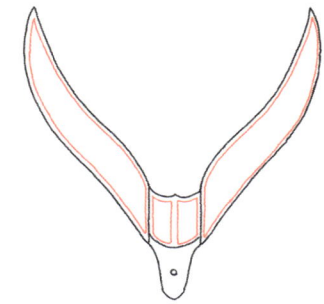
날개 안쪽 선을 그려요.

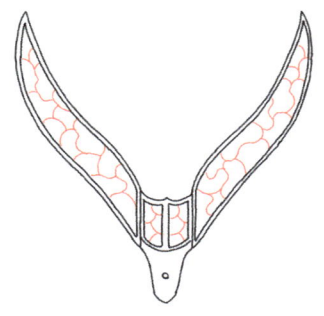
무늬를 그려요.

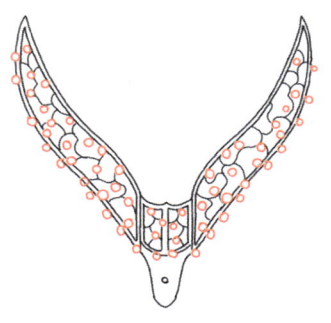
장식을 그려 완성.

<신라>
신라의 미소, 얼굴무늬 수막새

신라의 기와는 연꽃무늬가 대부분인데, 이 수막새는 웃는 여인의 얼굴이 그려져 있어요.
신라의 미소로 잘 알려져 있답니다.

얼굴무늬 수막새

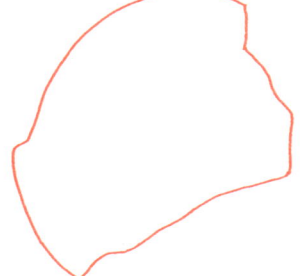

수막새의 모양을 그려요.

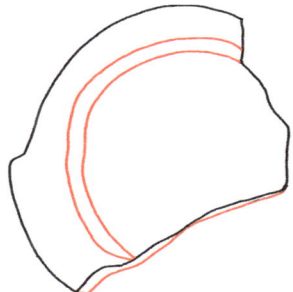

안쪽 부분을 그려요.

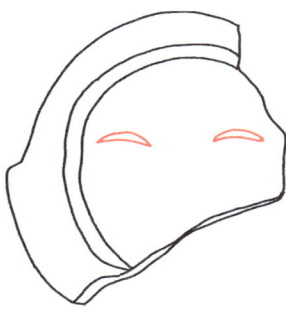

눈을 그려요.

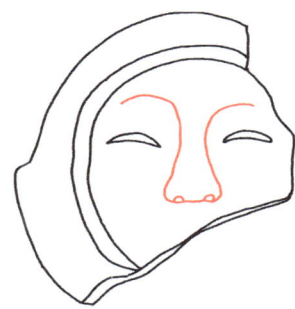

코를 그려요.

입을 그려요.

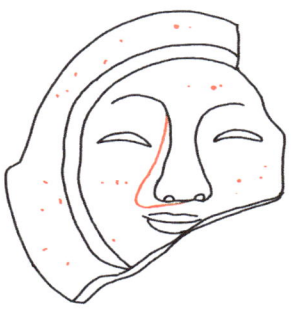

무늬를 그려 완성.

<신라>

말을 탄 기마 인물형 토기

말을 탄 사람의 모습을 흙으로 만든 토기예요.
신라 왕실에서 주전자로 사용되었대요.

기마 인물형 토기

얼굴과 몸통을 그려요.   옷을 그려요.   아랫부분을 그려요.   안장을 그려요.

말을 그려요.   잔과 뒤쪽 장식을 그려요.

아랫부분을 그려요.   말 장식을 그려 완성.

<신라>

감은사지 3층 석탑

감은사지에 나란히 서 있는 쌍탑으로 국보112호로 지정되었어요.
경주에 있는 3층 석탑 중에서 가장 크며 한국 석탑을 대표해요.

감은사지 3층 석탑

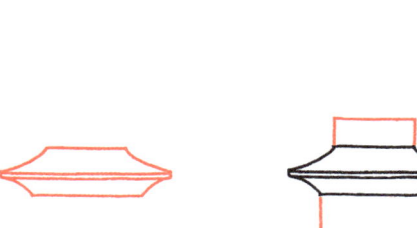

중심 기둥을 먼저 그려요.

아래쪽 기둥을 그려요.

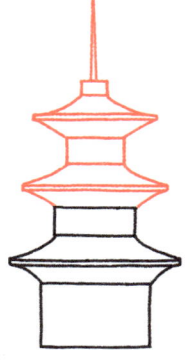

위쪽 기둥을 그려요.

밑기둥을 그려요.

세로선을 그려요.

가로선을 그려 완성.

<신라>

가야의 금관, 금동관

신라의 금관만큼 화려한 가야의 금관, 금동관이에요.
가야의 독창성과 금속 공예의 화려함을 잘 볼 수 있어요.

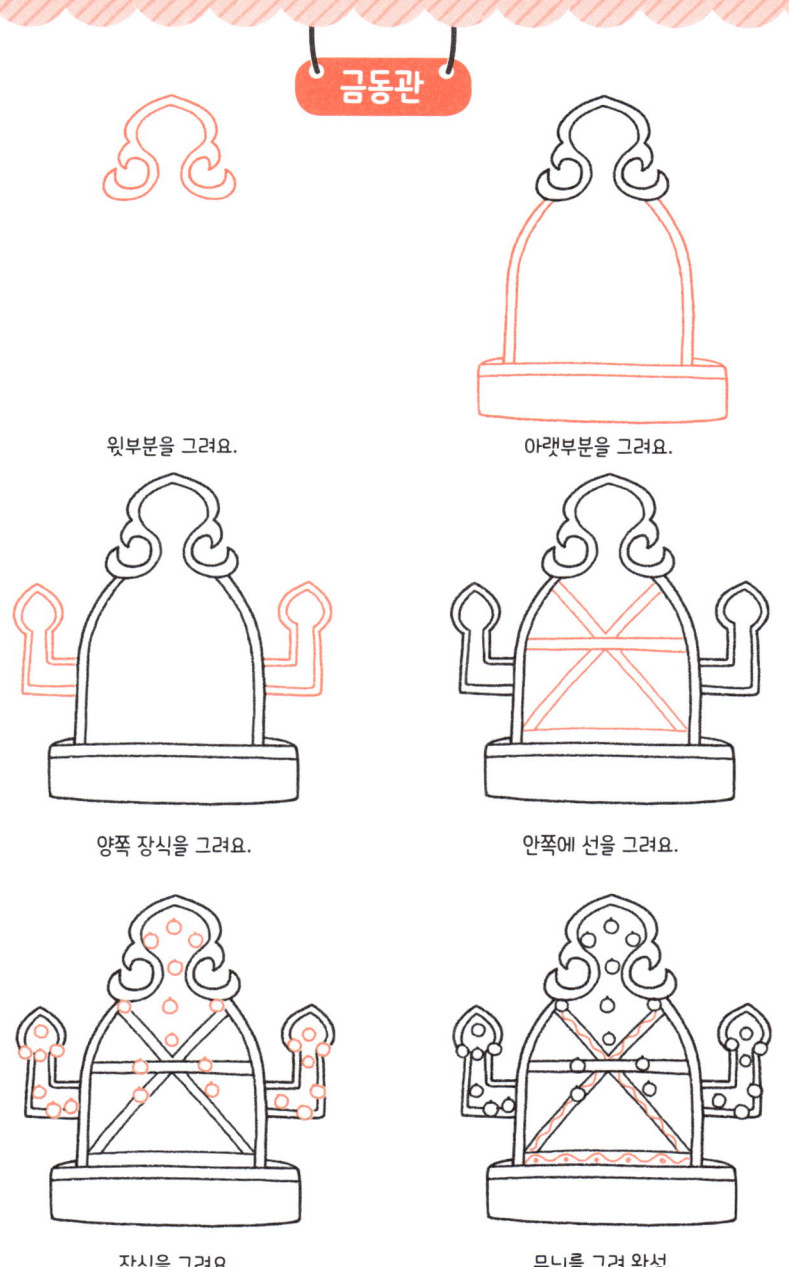

<신라>

• 가야의 오리모양 토기 •

가야의 무덤에서 발견된 독특한 모양의 토기 중 하나예요.

오리모양 토기

얼굴과 목을 그려요.

몸을 그려요.

윗부분에 구멍을 그려요.

아래쪽 기둥을 그려요.

머리 장식을 그려요.

오리모양 토기 완성.

4장

통일 신라 시대와 발해

통일 신라의 유명한 탑은 무엇일까요?
발해, 하면 떠오르는 것이 있나요?
우리 함께 떠나 볼까요?

신라의 아름다운 석가탑

석가탑 또는 무영탑이라고도 해요.
신라의 석탑 양식을 대표하는 가장 우수한 석탑이랍니다.

 석가탑

밑기둥을 그려요.

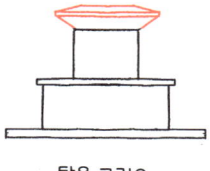
탑을 그려요.

탑을 그려요.

윗부분을 그려요.

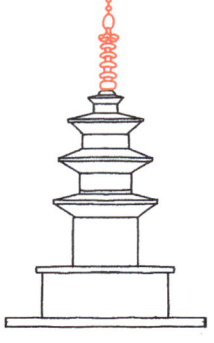
나머지 부분을 그려요.

무늬를 그려서 완성.

<통일 신라>

동쪽을 지키는 다보탑

우리나라의 가장 대표적인 석탑 중 하나예요.
서쪽은 석가탑이 지키고, 동쪽은 다보탑이 지키고 있어요.

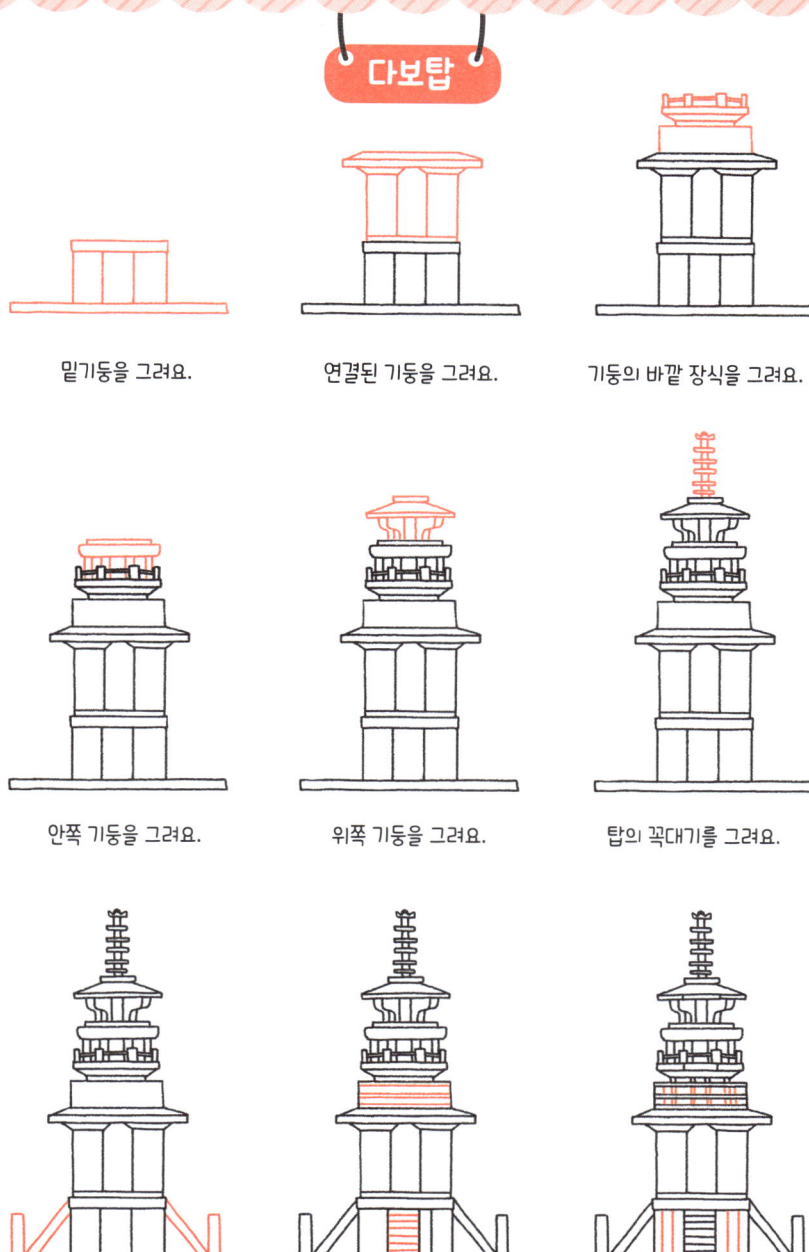

<통일 신라>

역사를 담은 석굴암

통일 신라 때 세워진 한국의 대표적인 석굴 사찰이에요.
뛰어난 건축미와 조각 기법을 보여 주는 유적지예요. 세계 문화유산으로도 지정되었답니다.

석굴암

얼굴, 눈, 코, 입을 그려요.   머리를 그려요.   두 팔을 그려요.

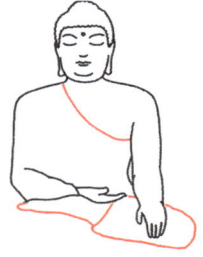

다리를 그려요.   반대쪽 다리를 그려요.   옷의 주름을 그려요.

돌기둥을 그려요.   머리 위에 원을 그려요.   무늬를 그려 완성.

<통일 신라>

마음을 울리는 성덕 대왕 신종

에밀레종이라고도 불리는 이 종은 세계에서 가장 아름다운 소리를 내는 종이라고 해요.
지금도 소리를 낼 수 있다니 정말 신기해요.

성덕 대왕 신종

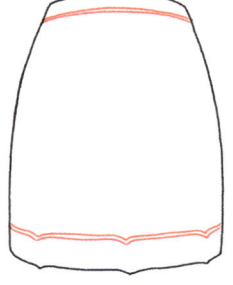

종 모양을 그려요.

위아래에 선을 그려요.

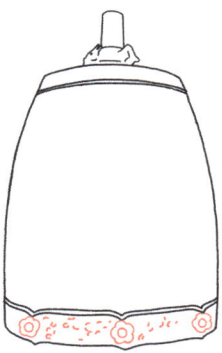
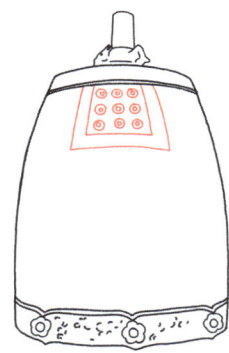

아랫부분에 무늬를 그려요.

윗부분에 무늬를 그려요.

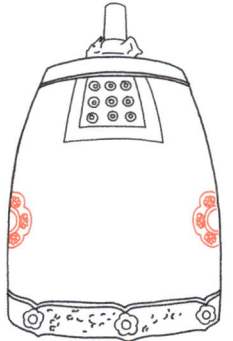
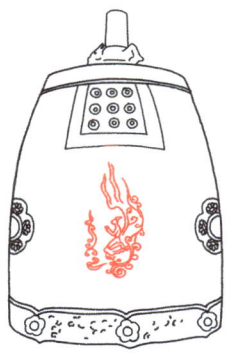

종의 몸통에 연꽃무늬를 그려요.

성덕 대왕 신종 완성.

<통일 신라>

짐승 얼굴무늬 기와

괴물을 닮은 통일 신라의 기와예요.
악한 것을 물리치고 싶은 마음을 담아 사용했어요.

짐승 얼굴무늬 기와

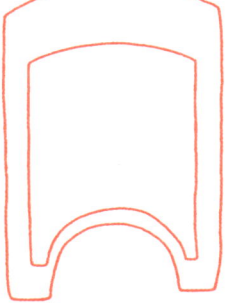

기와를 그려요.

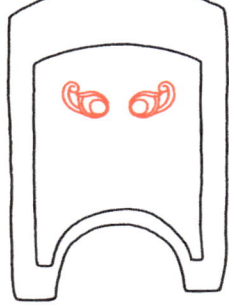

눈을 그려요.

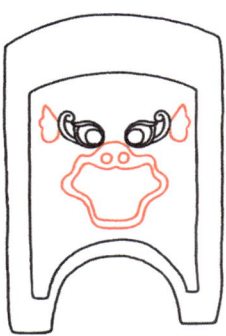

코와 귀를 그려요.

이빨과 귀를 그려요.

입 주위에 갈기를 그려요.

무늬를 그려 완성.

<통일 신라>

연못에서 발견된 금동 가위

금동 가위는 초의 심지를 자르는 가위예요. 귀족들의 생활 모습을 알게 해 주는 유물이지요.
금동 가위는 궁궐 안에 있던 연못인 안압지에서 발견되었어요.

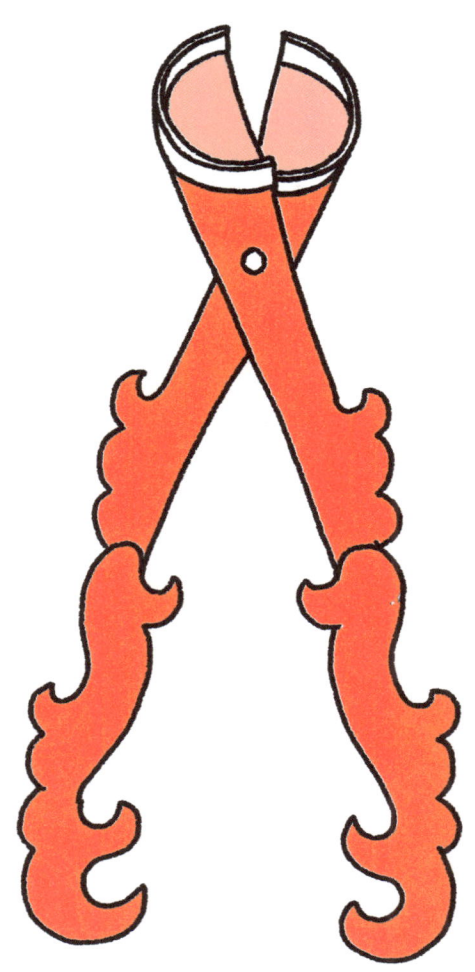

안압지 금동 가위

손잡이 부분을 그려요. 안쪽 부분을 그려요.

반대쪽을 그려요. 연결된 부분을 그려요.

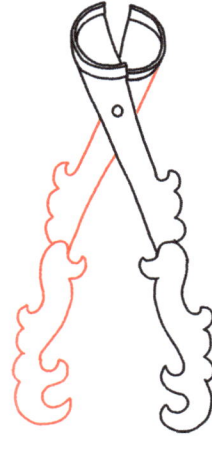 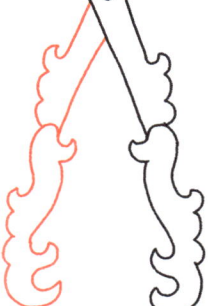

아랫부분을 그려요. 반대쪽을 그려 완성.

<발해>

연꽃무늬 수막새

수막새는 지붕에 사용되었던 기와의 한 부분이에요.
발해의 공예 중에 특히 기와가 많이 발견되어 발해 공예의 아름다움을 보여 주고 있어요.

연꽃무늬 수막새

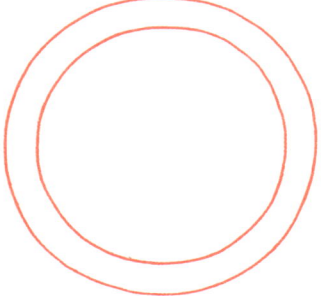

원으로 기와 모양을 그려요.

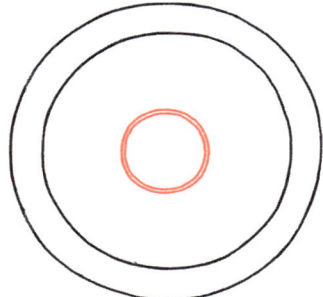

중심에 원을 그려요.

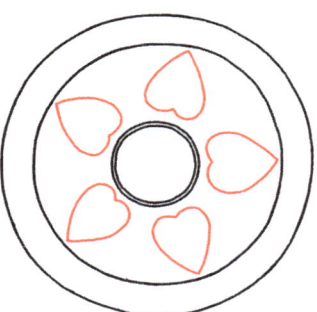

꽃잎을 그려요.

꽃잎 사이에 무늬를 그려요.

꽃잎 안에 무늬를 그려요.

나머지 무늬를 그려 완성.

<발해>

발해를 지키는 돌사자상

발해 공주의 무덤에서 나온 돌사자상으로 화강암으로 만들었어요.
크기는 작지만 강한 힘이 표현되어 있어요.

돌사자상

얼굴을 그려요.

입을 그려요.

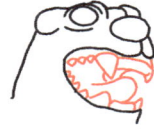

입안을 그려요.

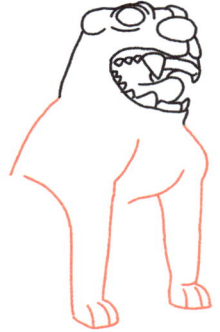

앞다리를 그려요.

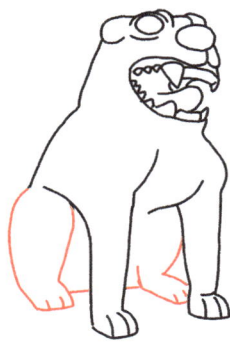

뒷다리를 그려요.

받침을 그려 완성.

<발해>

천년의 역사, 발해 석등

발해의 수도였던 상경의 절터에서 발견되었어요. 돌로 만든 등이에요.
석등의 높이가 무려 6미터가 넘는다니 정말 웅장하겠죠?

발해 석등

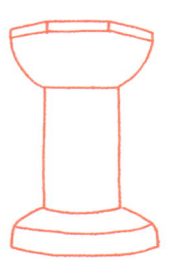

기둥을 그려요.

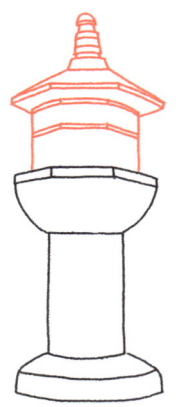

윗부분을 그려요.

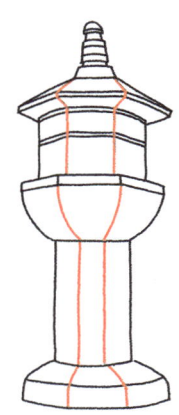

선으로 면을 그려요.

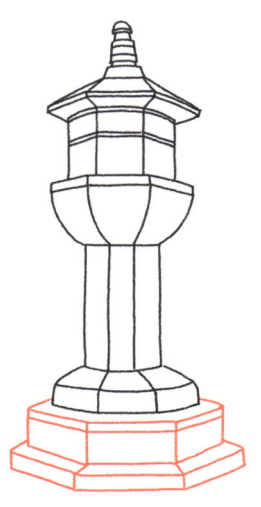

아래쪽 받침 부분을 그려요.

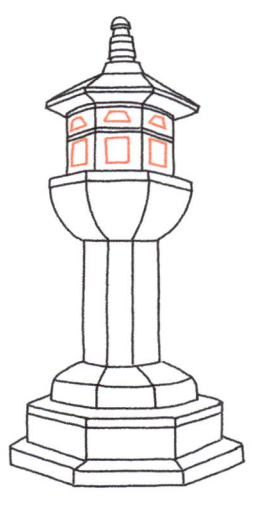

뚫린 부분을 그려요.

무늬를 그려 완성.

<발해>

당당한 기상, 발해 용머리상

용머리상은 발해의 왕궁 상경성에서 발견되었어요.
궁전의 건축 조각품으로 화려한 조각 기술을 볼 수 있답니다.

발해 용머리상

눈을 그려요. 　　　　　　　　　　　눈썹과 코를 그려요.

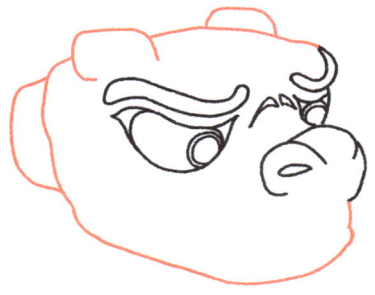 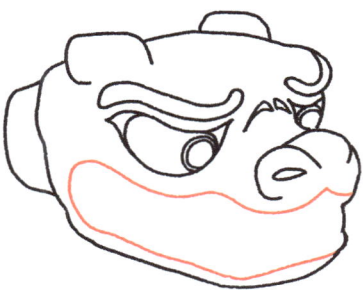

얼굴을 그려요. 　　　　　　　　　　입을 그려요.

이빨을 그려요. 　　　　　　　　　　이빨 선을 그려서 완성.

<발해>

발해의 유일한 탑, 영광탑

영광탑은 현재 유일하게 남아 있는 발해의 탑이에요.
탑 밑에 지하 무덤을 갖춘 독특한 양식으로 지어졌어요.

밑기둥을 그려요.

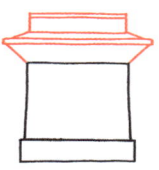

탑을 그려요.

윗부분을 그려요.

나머지 부분을 그려요.

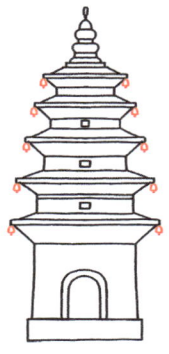

탑의 끝부분에 종을 그려요.

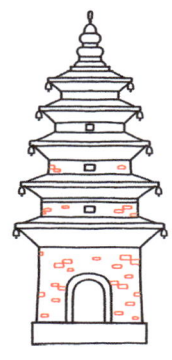

무늬를 그려 완성.

<발해>

기와 장식품, 발해 치미

치미는 건물 지붕의 끝을 장식하는 기와예요.
양쪽에 여러 개의 줄무늬와 꽃 장식을 하여 세련된 모습이에요.

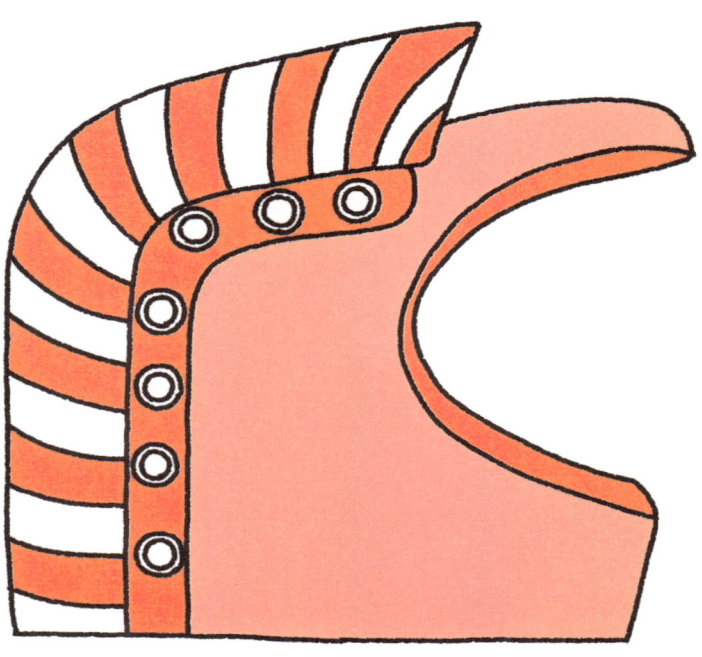

발해 치미

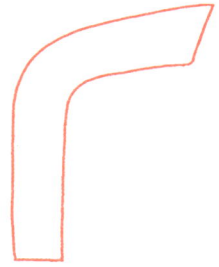

바깥쪽을 그려요.

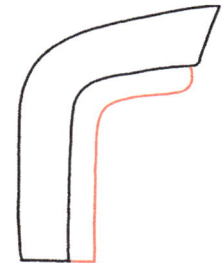

안쪽을 그려요.

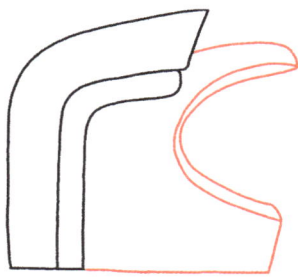

나머지 부분을 그려요.

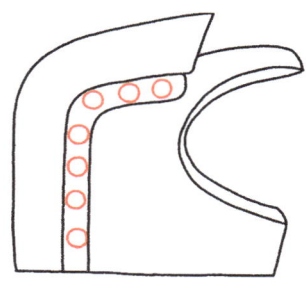

동그란 무늬를 그려요.

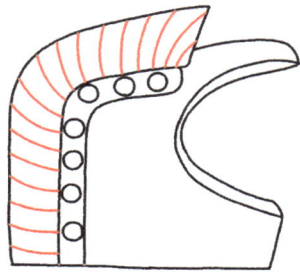

줄무늬를 그려요.

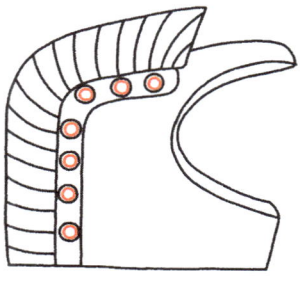

나머지 무늬를 그려 완성.

<발해>

발해 군사 유물, 투구

머리 부분을 보호하기 위해 만들어진 장비예요.
발해 사람들의 기상을 느낄 수 있어요.

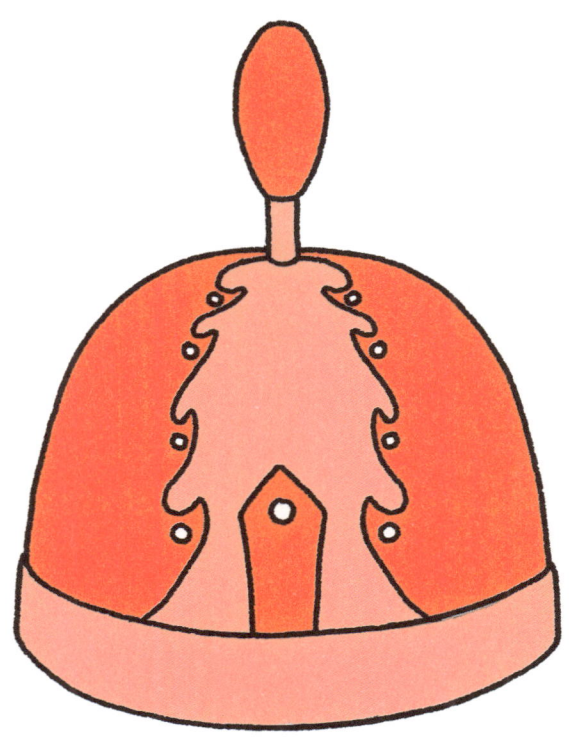

윗부분을 그려요.

투구 모양을 그려요.

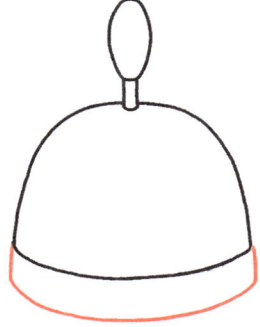
연결된 부분을 그려요.

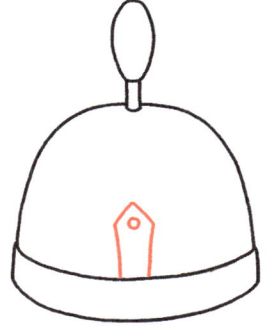
중심에 장식을 그려요.

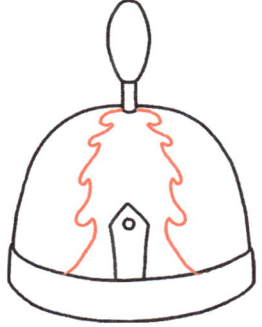
무늬를 그려요.

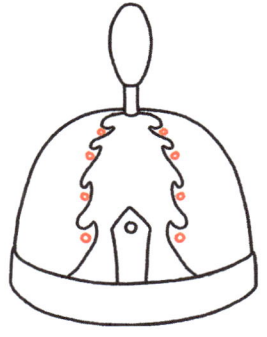
나머지 무늬를 그려 완성.

5장

고려 시대

고려 시대, 하면 고려청자가 딱 떠올라요.
고려청자는 어떤 모양이었을까요?
우리 함께 고려 시대로 떠나 볼까요?

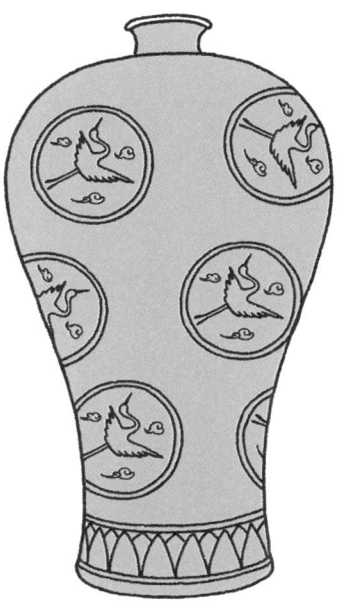

고려청자, 상감운학문 매병

고려청자는 세계에서 가장 아름답기로 유명한 도자기랍니다.
색깔과 형태가 아름다운 우리나라의 청자를 감상해 볼까요?

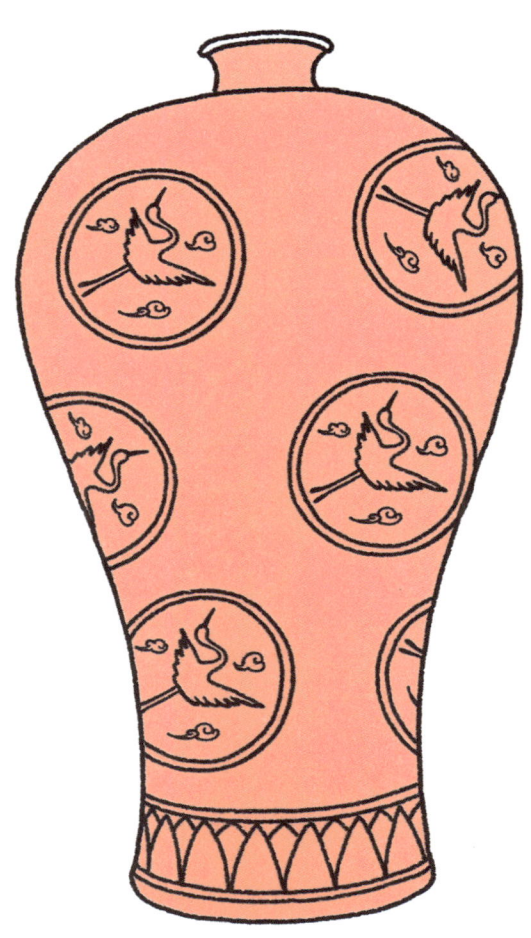

상감운학문 매병

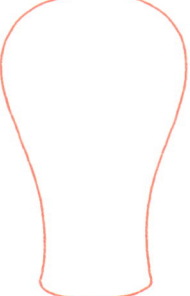
병의 모양을 그려요.

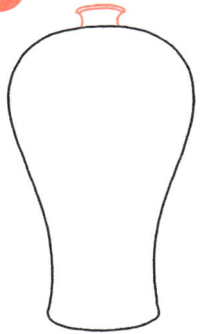
입구를 그려요.

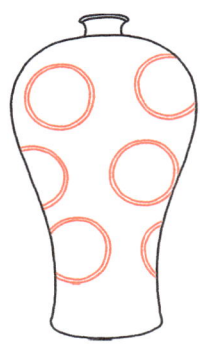
동그란 무늬를 그려요.

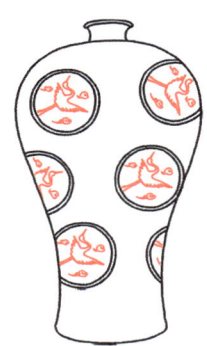
학 무늬를 그려요

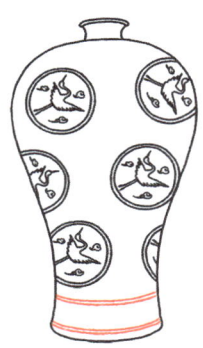
선을 그려요.

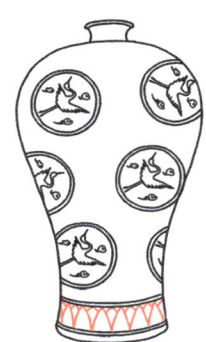
무늬를 그려 완성.

고려청자, 참외모양 병

문양이나 화려한 장식이 없어도 아름다운 이유는 청자를 만드는 기술이 그만큼 뛰어났기 때문이에요.

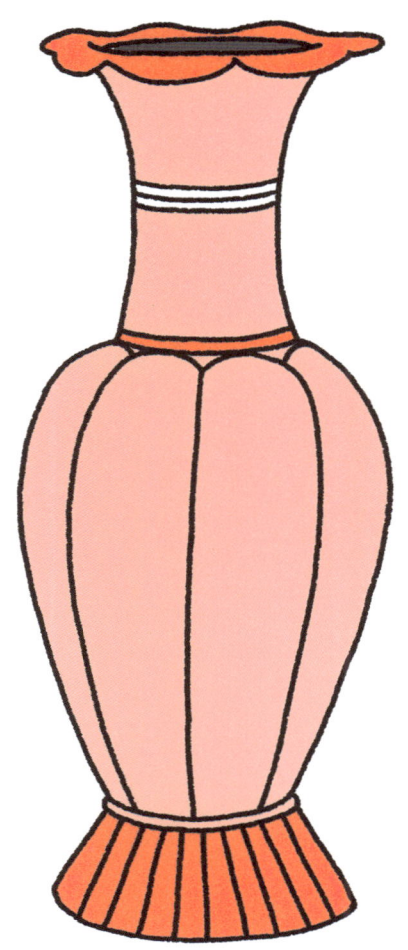

참외모양 병

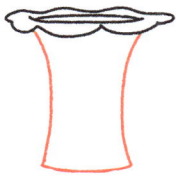
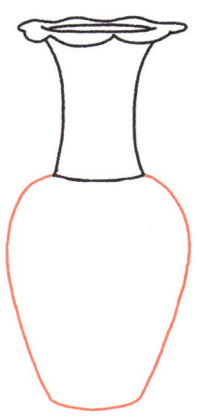

병의 입구를 그려요.   목 부분을 그려요.   몸통을 그려요.

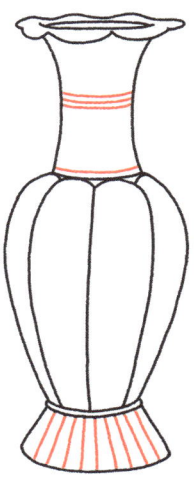

밑부분을 그려요.   세로선을 그려요.   무늬를 그려서 완성.

• 물가 풍경무늬 정병 •

정병은 주로 승려가 여행을 할 때 가지고 다니던 물병이에요.
승려가 가지고 다니는 필수품 중에 하나랍니다.

물가 풍경무늬 정병

뚜껑의 윗부분을 그려요.

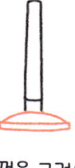
뚜껑을 그려요.

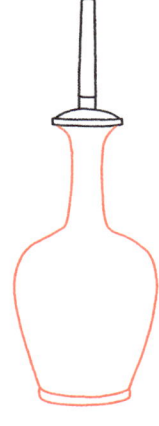
몸을 그려요.

굽을 그려요.

무늬를 그려요.

풍경 무늬를 그려 완성.

• 청자 투각 칠보무늬 향로 •

향로는 향을 피울 때 사용하는 물건이에요.
다양한 기법을 사용해서 만든 고려청자의 대표적인 명품 중에 하나랍니다.

청자 투각 칠보무늬 향로

꽃잎을 그려요.

두 번째 꽃잎을 그려요

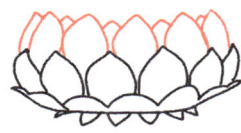

세 번째 꽃잎을 더 그려요.

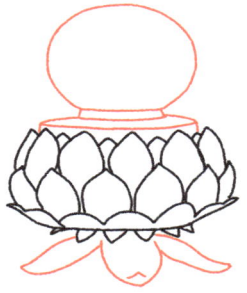

윗부분과 아랫부분을 그려요.

양쪽에 토끼 모양을 그려요.

밑부분 받침을 그려 완성.

파주 용미리 마애이불입상

사람들은 이 불상에게 찾아가 근심을 잊고 소원을 빌었답니다.
우리도 함께 소원을 빌어 볼까요?

용미리 마애이불입상

얼굴 모양을 그려요. 눈, 코, 입을 그려요.

손과 몸을 그려요. 옷의 모양을 그려요.

옷의 매듭을 그려요. 주름을 그려 완성.

불교 의식구, 금강령

금강령은 불교 의식 때 쓰이던 방울이에요.
금강령은 부처를 기쁘게 하고 사람들의 소망을 담아 흔들었어요.

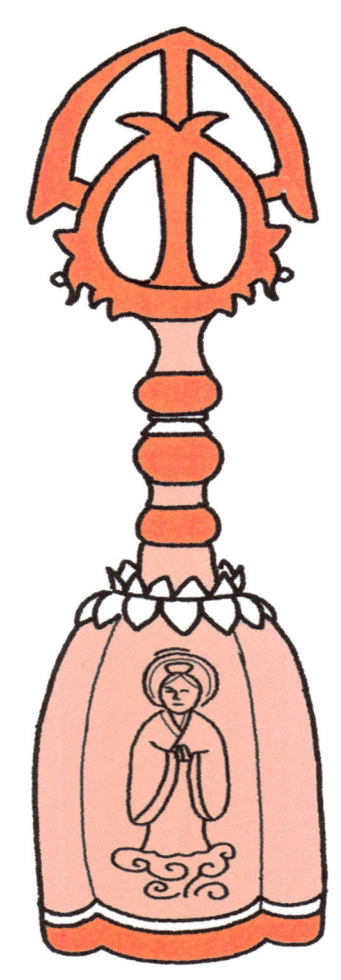

금강령

손잡이 부분을 그려요.

윗부분을 그려요.

연결 부분을 그려요.

장식을 그려요.

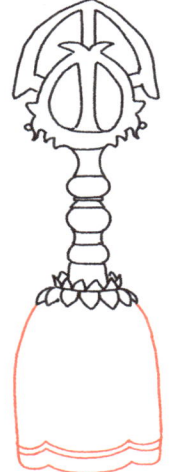

몸통 부분을 그려요.

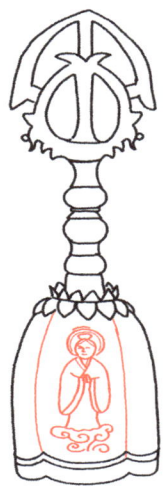

무늬를 그려 완성.

6장

조선 시대

한글은 누가 만들었을까요?
거북선은 누가 만들었을까요?
우리 함께 조선 시대로 떠나 볼까요?

조선의 궁궐, 경복궁

경복궁은 조선의 궁궐 중 첫 번째로 지어졌어요.
큰 복을 누리라는 뜻을 가지고 있어요.

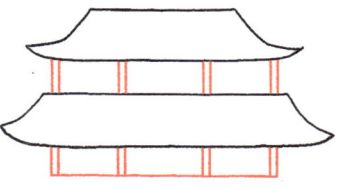

지붕을 그려요. 기둥을 그려요.

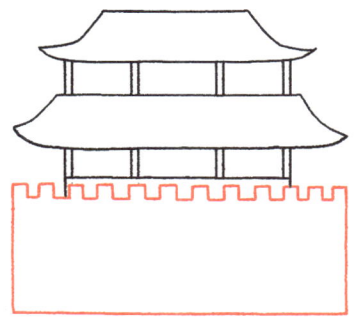
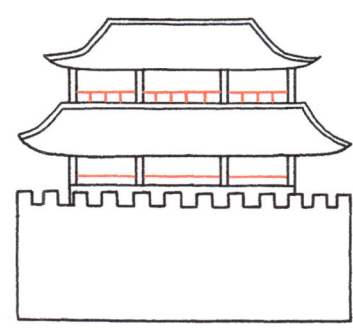

벽을 그려요. 난간을 그려요.

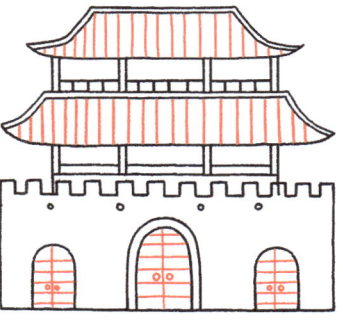

문을 그려요. 무늬를 그려 완성.

한글을 만든 세종 대왕

세종 대왕은 조선의 왕이에요.
백성을 위해 한글을 만들었고, 과학과 예술을 발전시켰어요.

세종 대왕

얼굴, 눈, 코, 입을 그려요.

수염을 그려요.

익선관을 그려요.

어깨와 책을 그려요.

왕의 치마를 그려요.

손, 발, 허리띠를 그려요.

의자를 그려요.

무늬를 그려서 완성.

왕이 쓰는 모자, 익선관

조선 시대 때 왕이 쓰던 관이에요.
익선관에 달린 두 개의 둥근 뿔은 매미의 날개를 상징해요.

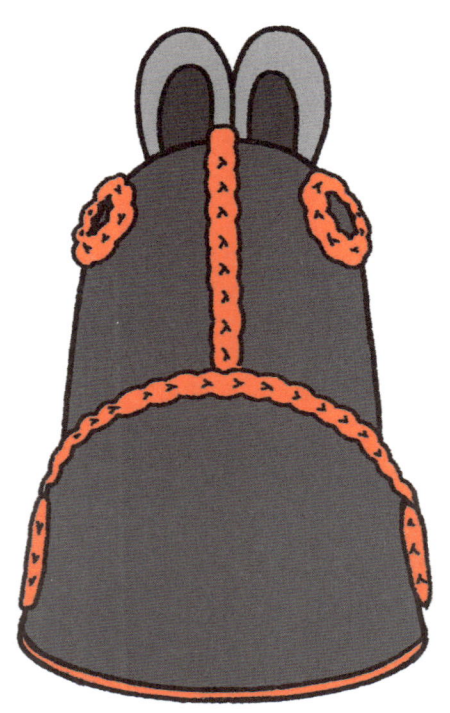

익선관

앞부분을 그려요.

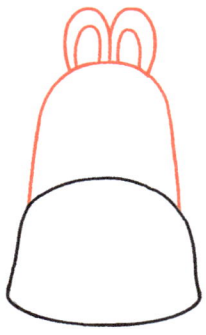
뒷부분을 그려요.

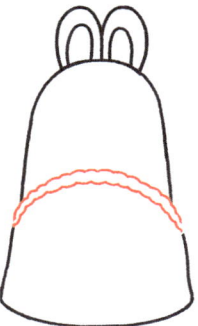
가운데 선을 그려요.

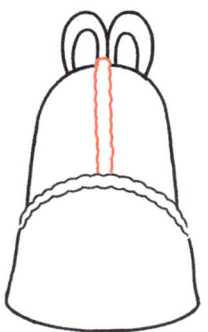
위쪽 선을 그려요.

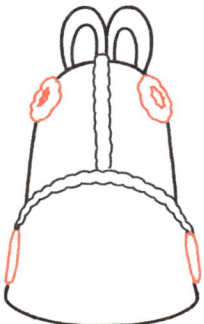
장식을 그려요.

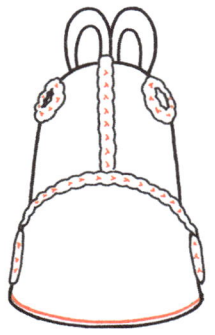
무늬를 그려 완성.

조선의 해시계, 앙부일구

백성들이 쉽게 시간을 알 수 있도록 한자 대신 그림으로 시각을 표시한 시계랍니다.

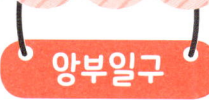

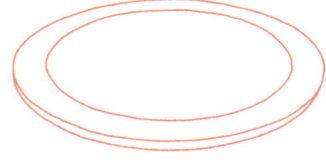

원으로 모양을 그려요.

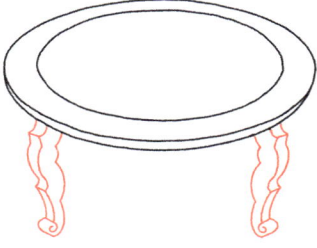

다리를 그려요.

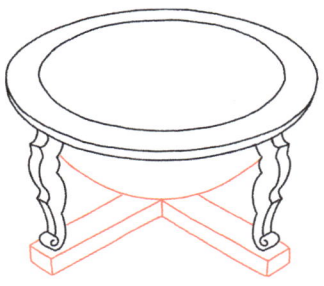

밑부분을 그려요.

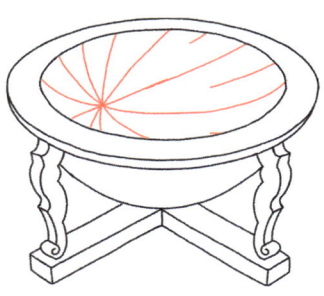

안쪽 눈금을 그려요.

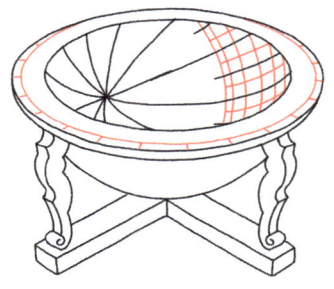

가로 눈금을 그려요.

시침을 그려 완성.

• 퇴계 이황 •

조선의 성리학을 깊이 연구한 학자예요.
학문과 품행이 뛰어났으며 조선의 유학 발전에 큰 도움을 주었답니다.

퇴계 이황

얼굴, 눈, 코, 입을 그려요.

수염을 그려요.

어깨와 팔을 그려요.

머리에 쓴 갓과 뒷날개를 그려요.

몸통과 다리를 그려요.

옷 안쪽을 그려 완성.

율곡 이이

조선의 성리학을 연구한 학자이자 정치가예요.
나라와 백성을 사랑하는 마음으로 뜻을 모아 열심히 공부했어요.

얼굴, 눈, 코, 입을 그려요.　　수염을 그려요.　　갓을 그려요.

어깨를 그려요.　　옷깃을 그려요.　　고름을 그려요.

몸을 그려요.　　발을 그려요.　　끈을 그려 완성.

• 위대한 예술가, 신사임당 •

신사임당은 시를 잘 쓰고 그림을 잘 그린 예술가예요. 율곡 이이의 어머니고요.
우리나라 화폐(5만 원짜리)에도 나오지요.

신사임당

얼굴, 눈, 코, 입을 그려요.

머리를 그려요.

땋은 머리를 그려요.

옷깃을 그려요.

팔을 그려요.

고름을 그려요.

치마를 그려요.

주름을 그려 완성.

위대한 영웅, 이순신

조선 시대의 장군이에요. 왜군과의 전투에서 큰 공을 세웠어요.
임진왜란, 한산대첩, 명량해전 등의 전투에서 싸웠어요.

이순신 장군

얼굴, 눈, 코, 입을 그려요.　　　수염을 그려요.　　　투구를 그려요.

갑옷을 그려요.　　　몸을 그려요.　　　팔을 그려요.

갑옷과 다리를 그려요.　　　갑옷의 안쪽 선을 그려요.　　　칼을 그려 완성.

무적의 군함, 거북선

거북선은 이순신 장군의 지휘 아래 임진왜란에서 큰 승리를 거두게 해 준 최고의 군함이랍니다.

거북선

용 얼굴을 그려요.   눈, 뿔, 이빨을 그려요.   목을 그려요.

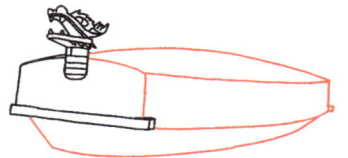

앞부분을 그려요.   몸통을 그려요.

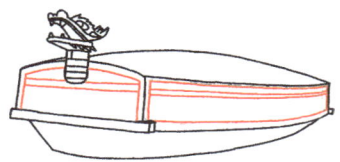

선으로 안을 그려요.   무늬를 그려요.

등의 무늬를 그려요.   돛을 그려서 완성.

암행어사의 증표, 마패

조선 시대 때 역에서 말을 빌릴 때 사용된 증표예요.
마패에는 빌릴 수 있는 말의 수가 그려져 있었어요.

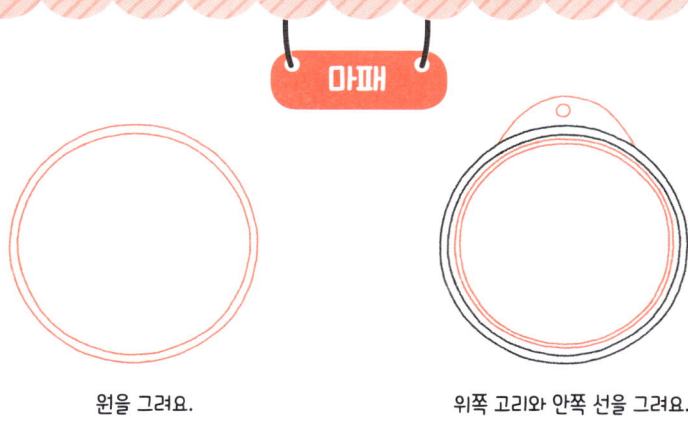

마패

원을 그려요.

위쪽 고리와 안쪽 선을 그려요.

말을 그려요.

말갈기와 뒤쪽 다리를 그려요.

뒤쪽 말을 그려요.

줄을 그려 완성.

백성의 소리, 신문고

신문고는 궁궐에 달아 놓은 북이에요.
억울한 일을 당한 백성들이 억울함을 호소하기 위해 신문고를 울렸어요.

신문고

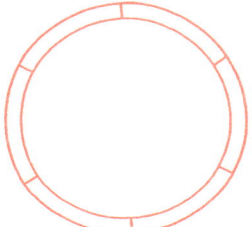

두 개의 원 안에 선을 그려요.

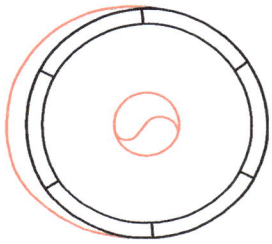

옆면과 무늬를 그려요.

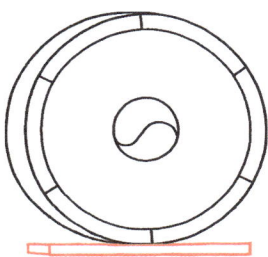

밑받침을 그려요.

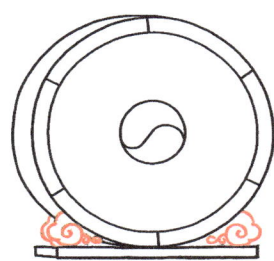

옆 장식을 그려요.

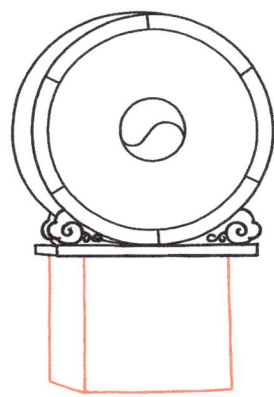

밑기둥을 그려요.

무늬를 그려 완성.

한복의 장신구, 노리개

한복의 저고리 고름이나 치마에 다는 물건이에요.
여자들이 옷을 꾸밀 때 쓰는 물건이랍니다.

원을 그려요.

꽃잎을 그려요.

뒤쪽 꽃잎을 그려요.

장식을 그려요.

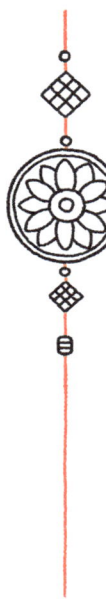

선을 그려요

장식을 그려 완성.

• 상상의 동물, 해태 •

해태는 화재와 재앙을 막아 주는 상상의 동물이랍니다.
불을 다루는 곳이나 불에 타기 쉬운 물건들이 많은 곳에 걸어 두었대요.

눈, 코를 그려요.　　　입을 그려요.　　　머리를 그려요.

다리와 몸을 그려요.　　　뒤쪽 다리를 그려요.

갈기를 그려요.　　　무늬를 그려 완성.

• 서양에서 온 천리경 •

조선에도 서양의 물건들이 들어오기 시작했어요. 천리경도 그중 하나예요.
멀리 있는 물체를 볼 수 있는 도구예요.

원을 그려요. 앞부분을 그려요.

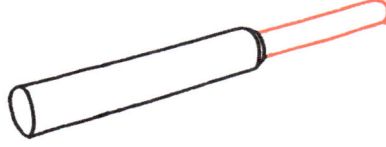
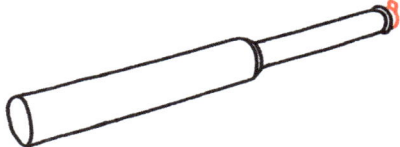

뒷부분을 그려요. 장식을 그려요.

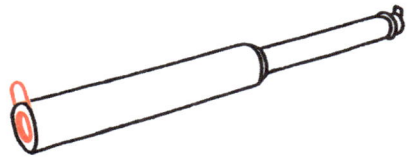
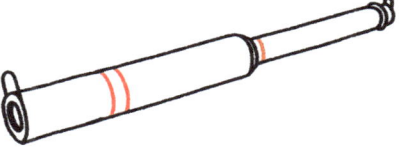

앞쪽에 장식을 그려요. 무늬를 그려 완성.

• 조선의 교통수단, 가마 •

가마는 조그마한 상자 모양으로 생긴 탈 것이에요.
가마 안에 사람이 타고, 여러 사람이 앞뒤에서 가마를 들고 이동했어요.

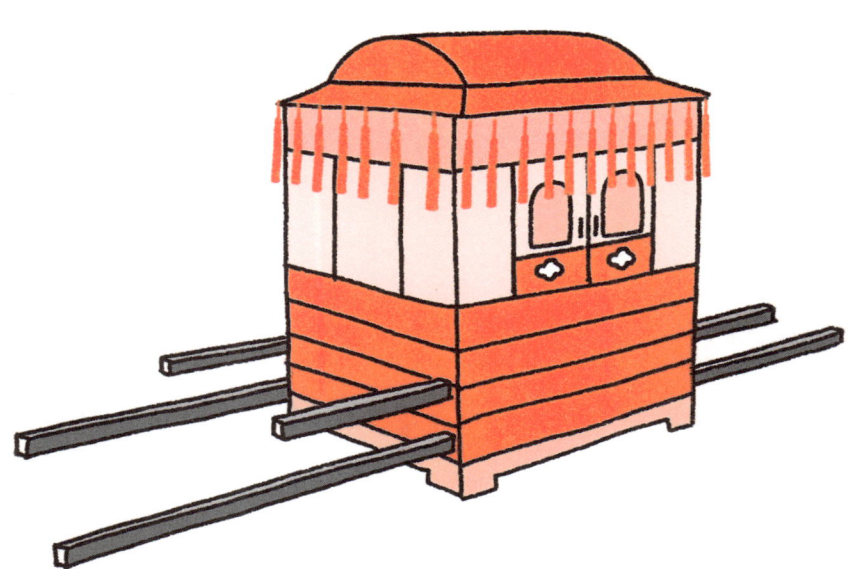

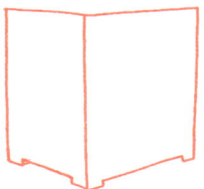
가마 모양을 그려요.

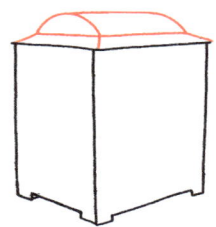
지붕을 그려요.

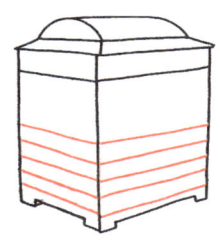
선을 그려요.

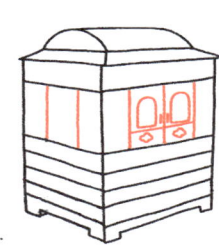
창문을 그려요.

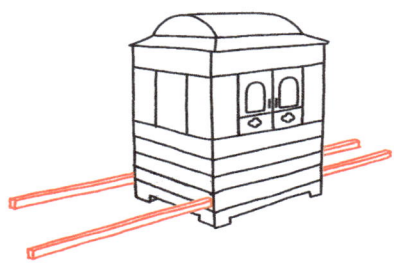
손잡이를 그려요.

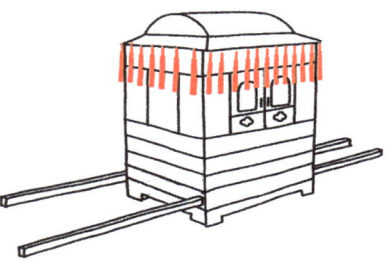
장식을 그려 완성.

• 조선의 백자 철화 끈무늬 병 •

조선 시대에 만들어진 백자예요.
끈을 목에 메고 밑으로 늘어뜨린 특이한 모양이에요.

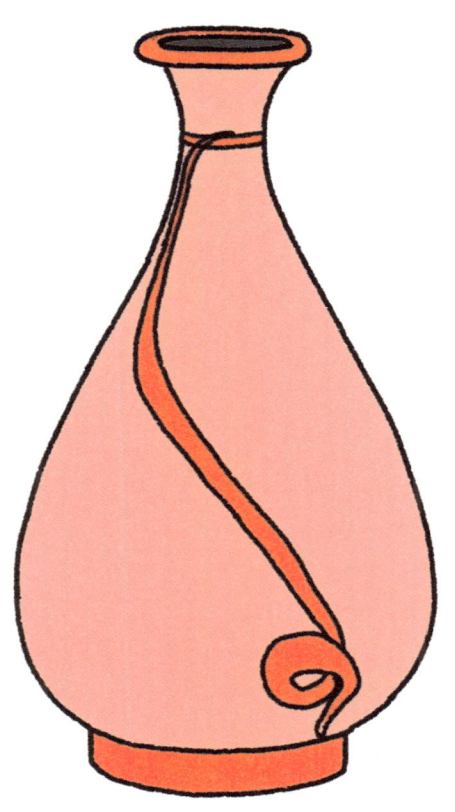

백자 철화 끈무늬 병

원을 그려요.

안쪽에 원을 그려요.

병 모양을 그려요.

밑바닥을 그려요.

목 부분에 선을 그려요.

끈 무늬를 그려 완성.

• 마을을 지키는 장승 •

옛날에는 마을로 들어가는 길에 돌이나 나무로 만든 사람 모양의 장승이 있었어요.
사람들은 이 장승이 마을을 지켜 준다고 생각했어요.

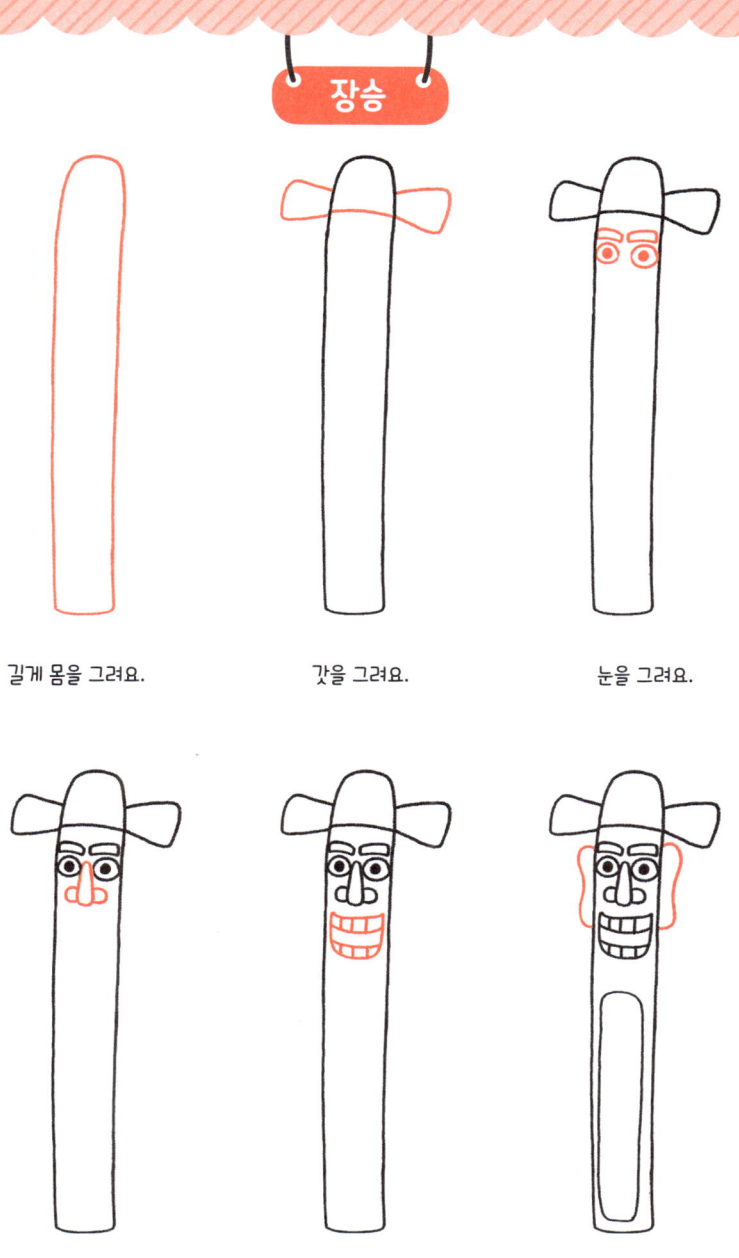

1장

일제 강점기와 분단

독립문이 세워진 이유는 무엇일까요?
유관순 열사는 누구일까요?
일제 강점기와 분단의 시대로 함께 떠나볼까요

자주독립을 위해 세운 독립문

자주독립국의 결의를 다지기 위해 세운 독립문은 서울 서대문구에 자리 잡고 있어요.
개선문을 본떠 만든 우리나라 최초의 서양식 건물이랍니다.

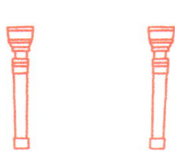

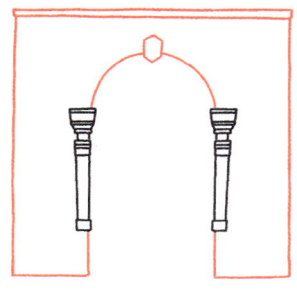

기둥을 그려요.   문을 그려요.

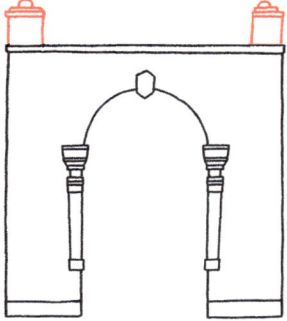

위쪽에 기둥을 그려요.   난간을 그려요.

안쪽을 그려요.   무늬를 그려 완성.

대한 독립 만세, 유관순

일제 강점기 때 거리로 나와 3.1 만세 운동을 외친 여성 독립운동가 유관순 열사.
어린 나이에 생을 마감하였지만 고귀한 희생으로 우리 곁에 영원히 기억되고 있답니다.

얼굴, 눈, 코, 입을 그려요.   머리를 그려요.   팔을 그려요.

옷의 고름을 그려요.   치마를 그려요.

손과 발을 그려요.   태극기를 그려 완성.

분단된 우리나라

우리나라는 남과 북으로 갈라진 분단국가예요.
우리나라의 이름은 대한민국이고, 북한의 이름은 조선민주주의 인민공화국이라고 해요.
분단된 지 70년이 넘도록 통일을 이루지 못했어요.

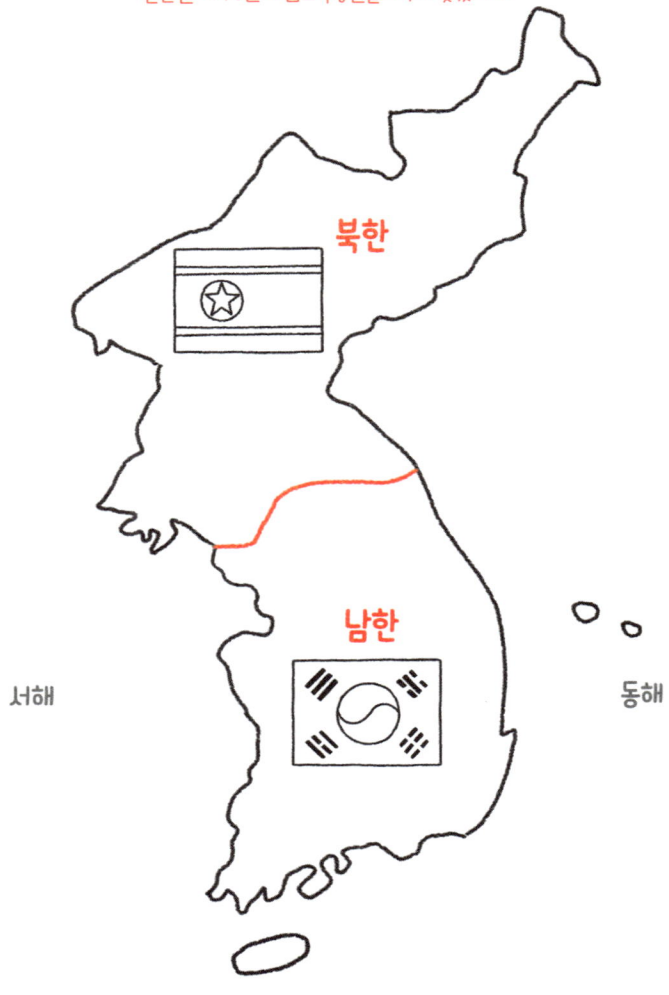

분단된 우리나라

우리나라 지도를 그려요.

휴전선을 그려요.

남한을 표시해요.

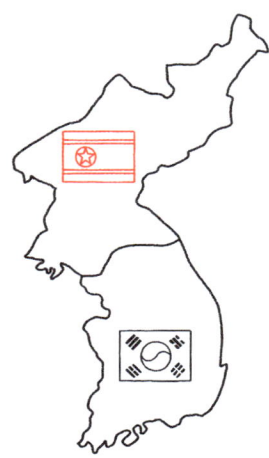

북한을 표시해요.

한반도기

한반도기는 흰색 바탕에 하늘색 한반도 지도가 그려져 있어요.
국제 행사에서 남한과 북한을 공동으로 상징하기 위해 사용하는 깃발이에요.
우리는 같은 민족이라는 것을 보여 주지요.

한반도기

우리나라 지도 윗부분을 그려요.

지도 아랫부분을 그려요.

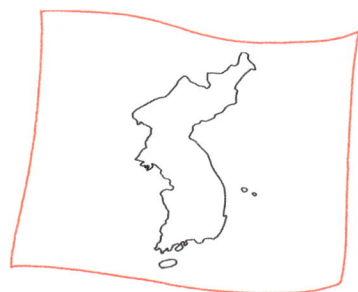

제주도, 독도, 울릉도를 그려요.

국기 모양을 그려요.

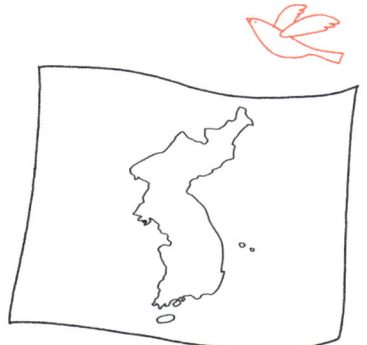

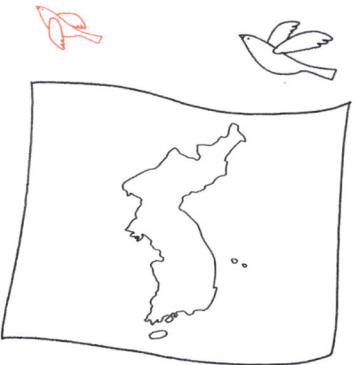

평화의 상징인 새를 그려요.

새 한 마리를 더 그려서 완성.

우리나라를 사랑해요

우리는 모두 대한민국 사람이에요.
우리나라를 사랑하는 마음을 모아, 모두 함께 좋은 나라를 만들어요.

우리나라를 사랑해요

나라를 위해 내가 할 수 있는 일을 자유롭게 그려 보세요.

찾아보기

ㄱ

가락바퀴 · 074
가마 · 214
각시탈 · 044
간석기 · 068
감은사지 3층 석탑 · 136
거북선 · 202
경복궁 · 186
고인돌 · 088
금 귀걸이 · 106
금강령 · 182
금동 가위 · 154
금동관 · 138
금동대향로 · 116
기마 인물형 토기 · 134
기와집 · 032

ㄴ

네 귀 달린 항아리 · 104
노리개 · 208
농경문 청동기 · 086

ㄷ

다뉴세문경 · 076
다보탑 · 146
단군왕검 · 090
도깨비 · 054
독도 · 058
독립문 · 222
돌사자상 158
돌하르방 · 056

동굴 · 066
동전 · 026
뗀석기 · 064

ㅁ

마패 · 204
명도전 · 092
무궁화 · 022
물가 풍경무늬 정병 · 176
미륵사지 석등 · 120
미송리식 토기 · 084

ㅂ

발해 석등 · 160
발해 용머리상 · 162
발해 치미 · 166
발해 투구 · 168
백자 철화 끈무늬 병 · 216
봉황모양 꾸미개 · 108
분단 · 226
불 · 062
비빔밥 · 036
비파형 동검 · 080
빗살무늬 토기 · 070

ㅅ

삼족오 · 102
상감운학문 매 · 172
새 날개 모양 관 장식 · 130
석가탑 · 144
석굴암 · 148

선덕 여왕 · 126
성덕 대왕 신종 · 150
세발 토기 · 112
세종 대왕 · 188
세형동검 · 082
쇠뇌 · 094
신라 금관 · 124
신문고 · 206
신사임당 · 198

ㅇ

앙부일구 · 192
얼굴무늬 수막새 · 132
연꽃무늬 수막새 · 156
영광탑 · 164
오리모양 토기 · 140
우리나라 지도 · 024
움집 · 072
유관순 · 224
이순신 · 200
이이 · 196
이황 · 194
익선관 · 190

ㅈ

장구 · 040
장승 · 218
전통 연 · 046
정림사지 5층 석탑 · 118
주몽 · 100
진묘수 · 114

짐승 얼굴무늬 기와 · 152

ㅊ

참외모양 병 · 174
천리경 · 212
천마도 · 122
철기로 만든 농기구 · 096
첨성대 · 128
청동 방울 · 078
청자 투각 칠보무늬 향로 · 178
초가집 · 034
칠지도 · 110

ㅌ

태권도 · 038
태극기 · 020

ㅍ

파주 용미리 마애이불입상 · 180

ㅎ

하회탈 · 042
한반도기 · 228
해태 · 210
호랑이 · 052

N

N서울타워 · 050